Titel der Originalausgabe: Een kennismaking met Eckhart Tolle
Originally published by Ankh Hermes Publishers, imprint of VBK, Utrecht, The Netherlands

Evert van de Ven:
Eckhart Tolle JETZT – sein Leben, seine Lehre
Projektmanagement: Marianne Nentwig
© J. Kamphausen Mediengruppe GmbH, Bielefeld 2015
info@j-kamphausen.de
Übersetzung: Yutta Klingbeil

Lektorat: Viviane Korn
Umschlaggestaltung:
Kerstin Fiebig / ad-department
Titel-Illustration: © Nikdoorg (ingimage.com)
Coverfoto Eckhart Tolle: © Eckhart Teachings Inc.
Satz: Wilfried Klei
Druck & Verarbeitung: Westermann Druck Zwickau

www.weltinnenraum.de

1. Auflage 2015

Bibliografische Information der Deutschen Nationalbibliothek
Die Deutsche Nationalbibliothek verzeichnet diese Publikation in der Deutschen Nationalbibliografie; detaillierte bibliografische Daten sind im Internet über http://dnb.d-nb.de abrufbar.

ISBN Printausgabe: 978-3-89901-886-8
ISBN E-Book: 978-3-89901-888-2

Dieses Buch wurde auf 100% Altpapier gedruckt und ist alterungsbeständig. Weitere Informationen hierzu finden Sie unter www.weltinnenraum.de

EVERT VAN DE VEN

ECKHART TOLLE JETZT

SEIN LEBEN • SEINE LEHRE

VORWORT 7

EINFÜHRUNG 11

1 WAS INSPIRIERT DICH? 15

2 JETZT! DIE KRAFT DER GEGENWART 35

3 AUSSERHALB DER ZEIT 49

4 TANZ IM WIND 73

5 EINE NEUE ERDE 95

6 STILLE SPRICHT 117

7 DIE MACHT DER LIEBE 141

ECKHART TOLLE – EINE KURZE BIOGRAFIE 155

LITERATURVERZEICHNIS 165

ÜBER DEN AUTOR 169

VORWORT

Meister Eckharts Bewusstseinspfad – Ein Schnupperkurs

Das ist genial: Ein Bewusstseinslehrer macht Lust auf einen Bewusstseinslehrer ... und er macht das sehr souverän.
Evert van de Ven ist ein Schüler, wie Eckhart Tolle ihn sich wünscht: Kein unterwürfiger Vasall, sondern einer, der seit gut 13 Jahren Tolles Spiritualität in seine Arbeit und sein Leben webt: „Ein Guru führt in die Trennung, ein Lehrer zu sein bedeutet Verbindung". Und so surft van de Ven durch Tolles Werke, Bücher, CDs und DVDs, um uns sehr offen, sehr persönlich seine Verbindung zu „Meister Eckharts" Philosophie zu schildern.

Er versucht nicht, das „Phänomen Tolle" zu definieren oder Details aus seinem Privatleben offenzulegen, um unsere Neugier auf diesen Ausnahmemenschen oberflächlich zu

befriedigen. Das Einzige, was er uns aus der Welt des Boulevards serviert, können wir selber unschwer erspähen: Die Tatsache nämlich, dass Tolle kein „Jesus-Typ" sei, auch ließe er sich nicht von weißen Gewändern umwallen. Nein, am liebsten trage er „Hemd mit Pullunder. Von letzteren besitzt er auch eine gehörige Menge in extrem vielen, jedoch immer gedeckten Farbtönen". Also: Kein Enthüllungsbuch!
Oder doch eins? Aber auf einer deutlich höheren Ebene ... Denn Evert van de Ven führt uns entspannt, fast plaudernd auf den Tolle-Bewusstseinspfad. Und dabei gelingt ihm genau das, was mich an Tolle so fasziniert: Er beschreibt mit Worten, was sich Worten konsequent entzieht.

Er entführt uns in die „Kraft der Gegenwart", er outet den „Schmerzkörper", er lässt uns fühlen: „Du bist nicht dein Verstand". Van de Ven schreckt uns mit Platons „Horror-Höhlen-Gleichnis", lässt Nietzsche „Gott ist tot" proklamieren, umarmt Krishnamurti, durchblättert die Bibel als Quelle der Inspiration und postiert alle zusammen als Wegweiser für uns ... auf dem Pilgerweg ins Sein.

Van de Ven liefert uns also eine Tour d'Horizon durch Tolles Begriffswelt – und hat durchaus was auszusetzen: Tolle beschreibt unser „Ego" als raffinierten Verführer, als den Getriebenen in uns, der Bedeutung sucht, die Ratio kultisch verehrt und den Zugang zum Wesentlichen niemals finden wird. Und was befreit uns von der Herrschaft des Ego in uns? Die schlichte, aber nicht unbedingt verbreitete Erkenntnis, dass wir nicht unser Ego sind! Wir sind viel mehr. Welch ein Glück! „Dann sprich doch gleich vom ‚erfundenen Selbst', Eckhart!" meint Evert. Weil die

Vokabel „Ego“ so widersprüchlich und emotional besetzt sei in unserem Sprachgebrauch. Van de Ven – ein kritischer Schüler. Und solche Schüler mögen wir!

Also: Wer Lust hat, in die Schule des Lebens zu gehen, der wird in diesem Buch einen genialen Lehrer mitsamt seiner Lehre beschrieben finden, der uns bewusst macht, dass unsere wichtigste Aufgabe ist, uns selbst zu lehren und zu entwickeln. Die für uns richtigen Lektionen, die für uns passenden Übungen und dann den Lernerfolg können wir nur ganz allein gestalten. Anhand der Impulse, die uns lebensweise Lehrer liefern!
Wer sich drauf einlässt, mit ganzem Herzen, der wird sie genießen: Die Einführung in die Kunst des Lebens.

Nina Ruge im November 2014

EINFÜHRUNG

Das einfache Haus gibt den Blick frei auf die Berge. Von der Dachterrasse auf der Rückseite des Hauses eröffnet sich ein wundervoller Blick auf die San Francisco Bay; in der Ferne erkennt man die berühmt-berüchtigte Insel Alcatraz und die verlängerten Streichholzschachteln einer großen Stadt. Den ganzen Tag lang huschen Nebelschwaden, angetrieben von starken Windböen, über die Hügel und lösen sich hinter ihnen in nichts auf. Das Haus, in dem Eckhart Tolle den größten Teil von *Jetzt! Die Kraft der Gegenwart* schrieb, befindet sich in dieser malerischen, ruhigen Umgebung. Frühmorgens schleicht die aufgehende Sonne über die San Francisco Bay Bridge, setzt dann am Nachmittag die Dachterrasse in ein flammendes Licht und spielt den ganzen Tag über mit dem Wind, dem Wasser, den Hügeln und dem Nebel. Elf Jahre später, nachdem ich das Buch *Jetzt! Die Kraft der Gegenwart* (Original: The Power of Now, 1997) kennengelernt habe, befinde ich mich ganz in der Nähe der Geburtsstätte dieses Werkes, das mein Leben dramatisch verändert hat. Damals nahm ich an einem Vortrag von Eckhart Tolle in dem gemütlichen Theater Mill Valley

teil. Nun stehe ich vor seinem Haus, das gerade renoviert wird. Denn „jede Form zerfällt", würde Tolle sagen.
Tolle lebt mittlerweile in Vancouver, Kanada. Sein Buch *Jetzt! Die Kraft der Gegenwart* ist in 34 verschiedenen Sprachen erschienen und hat sich millionenfach über den ganzen Globus verkauft. Es ist ein ganz besonderes Gefühl, an diesem Ort zu stehen, vor seinem damaligen Haus. Ich erlebe die vielen Begegnungen mit ihm nochmals, die entweder schriftlich, visuell oder in direktem Kontakt mit ihm stattfanden und die durch ihre Einfachheit, ihre Ruhe und ihre Freude für mich etwas ganz Spezielles waren. Aus dieser Inspiration heraus habe ich dieses Buch geschrieben.
Für mich ist es sowohl eine große Ehre als auch eine Herausforderung, eine Einführung für jemanden schreiben zu dürfen, den ich sehr schätze und dessen Arbeit ich aus vollem Herzen unterstütze. Dieses Buch dient denjenigen, die den Namen Eckhart Tolle gelegentlich gehört haben; für sie ist es eine gute Einführung. Aber es erreicht sicherlich auch die Leser, die neugierig sind und mehr über die Hintergründe von Leben und Werk Tolles erfahren und die Vielschichtigkeit seiner Arbeit verstehen wollen. Letztendlich ist dieses Buch für all die Menschen gedacht, die seine Lehren in ihr tägliches Leben umsetzen wollen.
Für das Schreiben dieser Einführung habe ich sämtliche seiner Bücher von Anfang bis Ende nochmal durchgelesen und mir seine unzähligen DVDs und CDs angesehen und angehört. Diese erneute Bekanntschaft mit Tolle entpuppte sich zusätzlich als eine Art, mich wiederholt in einem anderen Licht kennen zu lernen. Das Schreiben war für mich wie eine Art Retreat, in dem sich

Sonne und Schatten gegenseitig abwechselten. Vieles wurde ans Licht geholt: meine Talente und Unzulänglichkeiten, meine Schwächen und Stärken, das Schöne und das Hässliche in mir. Es war zeitweise schmerzhaft, dann wieder sehr aufschlussreich und letztendlich erhielt ich neue Erkenntnisse über mich selbst und über Tolles Arbeit. Jeder, der Eckhart Tolle kennen lernen möchte, wird dabei unweigerlich sich selbst kennen lernen.
Außer Frage steht auch, dass ich dieses Buch ohne die liebevolle Unterstützung meiner Frau Caroline nie hätte schreiben können. Ich bin ihr sehr dankbar für die vielen Stunden der Auseinandersetzung mit mir, mit meinen Gedanken und mit dem Redigieren des Manuskriptes. Sie half mir, mich zu fokussieren und setzte ihr ganzes Vertrauen in mich.
Ich möchte auch Eckhart Tolle und Kim Eng für unsere freundschaftliche und herzliche Zusammenarbeit danken, für das Vertrauen, das sie mir entgegenbrachten, und für den unendlichen Strom an Weisheit, Freude und Begeisterung, der durch sie in die Welt kommt und so viele Menschen inspiriert.

Liebe Leser, wenn ihr dieses Buch lest, dann bitte nicht mit eurem Verstand, sondern vielmehr mit eurem Herzen. Worte allein haben keine große Bedeutung, es ist die Herzensqualität in ihnen. Das Leben an sich ist wunderschön; es sind hauptsächlich unsere endlosen Gedanken über das Leben, die es zur Hölle machen können. Wenn es mir mit diesem Buch gelingt, die Weisheit, die Energie, den Humor und die Lebensfreude, die Tolle mit jeder Faser seines Seins ausdrückt, erfahrbar zu machen, dann habe ich meinen Auftrag erfüllt. Sich selbst kennen zu lernen ist von allen Dingen im Leben das Faszinierendste und letztendlich der einzige Weg, den wir gehen können. Ich möchte euch hiermit Eckhart Tolles Leben und Werk vorstellen.

1
WAS INSPIRIERT DICH?

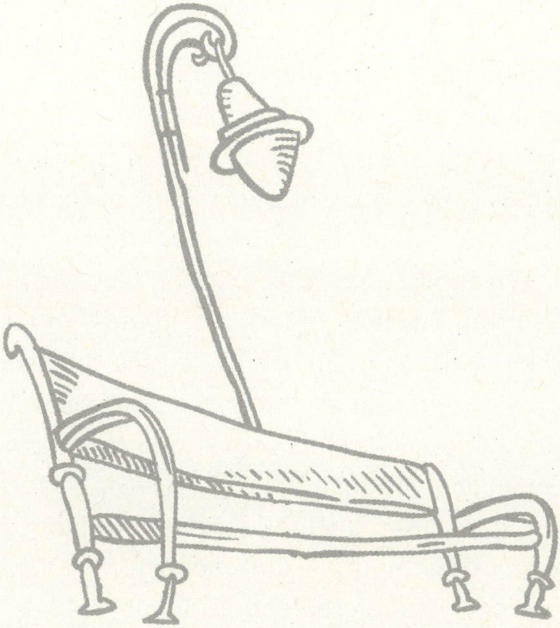

Jeder, der Eckhart Tolle kennen lernen will, wird unweigerlich sich selbst erfahren. Dir selbst zu begegnen ist die größte Erfüllung im Leben. Aber, offen gestanden, ist es eine der schwierigsten Aufgaben. Eigentlich sollte es das Einfachste sein. Aber dass es nun mal nicht so ist, hat seine Gründe. Auf diesem Stück deines Lebensweges gibt es im Grunde keinen besseren Reiseführer als Eckhart Tolle; er ist ein erfahrener Experte in Sachen „Höhen und Tiefen", die das Leben für uns bereithält. Seine Arbeitsweise als spiritueller Lehrer ist etwas ganz Besonderes, sie spiegelt das Leben in Wort und Tat und dient uns als hervorragende Inspiration auf einem Weg, den wir allein gehen müssen.

Normalerweise fragen wir andere Menschen: „Was bewegt dich?", im Sinne von „Was würdest du wirklich gerne tun?" oder sogar „Was machst du eigentlich aus deinem Leben?", wobei hier ein etwas negativer Unterton mitschwingt. Das ist seltsam, denn eigentlich ist das eine gute Frage, die wir uns selbst selten stellen. Früher oder später kommt jeder an den Punkt in seinem Leben, an dem er sich fragt: „Was bewegt mich wirklich?" In den letzten Jahren scheint diese Frage immer öfter aus dem Nichts aufzutauchen: mit dem Fahrrad auf dem Weg zu deiner Zahnarztpraxis, obwohl du dich doch eigentlich lieber mit Pflanzen beschäftigt hättest; oder in deinem schicken Wagen auf dem Weg ins Callcenter, wo du doch viel lieber unterrichten würdest; oder zuhause, während du gerade arbeitslos bist und eigentlich immer dein Gesangstalent ausprobieren wolltest. Diese Fragen tauchen inzwischen auch zunehmend in jüngeren Jahren auf, plötzlich und mit unterschiedlicher Vehemenz. Fragen wie: „Wo steuere ich gerade hin?", „Was will ich eigentlich?", „Wofür brennt meine Seele wirklich?". Fragen, die aus Neugier gestellt werden, aus Unwissenheit und Entmutigung, aus Wut oder Trauer, aus Ohnmacht, Verzweiflung oder Sehnsucht. Es ist ein gutes Zeichen, wenn sich uns diese Fragen aufdrängen, besonders in jüngeren Jahren. Dann haben wir noch genügend Zeit, die Antworten zu finden oder zumindest einen Weg, wie wir mit diesen Fragen umgehen können.

Die heutigen unsicheren und chaotischen Zeiten können uns dabei helfen, unsere Aufmerksamkeit auf diesen Fragenkomplex zu richten. Wenn sich uns die Welt in einer geschmeidigen, geordneten und scheinbar reibungslosen Art präsentierte, würde sie einschläfernd auf uns wirken. Wir hätten keinen Grund, uns diese bedeutungsvollen Fragen zu stellen. Die Frage „Was bewegt mich?" drängt sich uns dann manchmal wie ein wahrhafter Peiniger in der Stunde des unvermeidbaren und erbarmungslosen Todes auf, sodass kaum Zeit und Lebenskraft bleibt, sich damit auseinanderzusetzen. Nichts ist herzzerreißender als die Stimme eines Sterbenden zu hören, der sich in seiner Todesstunde angestrengt fragt: „Was hat mich denn in meinem Leben tatsächlich inspiriert?" Wenn „inspirieren" nur noch in der Vergangenheitsform vorkommt und wenn es bis dahin nie eine Erfahrung der Inspiration im Leben gegeben hat, dann hat dieses Leben seine Bestimmung nicht gefunden. Das ist Sünde! Das Wort „Sünde" ist hier insofern berechtigt, als es im Sinne einer Rosenknospe gemeint ist, die nicht blühen kann, weil sie abgeknickt , ungenügend gewässert oder von plötzlichem Frost überwältigt wurde und deshalb nie in den Genuss des Erblühens kommen wird. Es geht bei „Sünde" also nicht um Unrecht oder die Perspektive von

Verdammung und Hölle. Die ursprüngliche Bedeutung von „Sünde" beinhaltet ein Fehlen. Es bedeutet nicht, etwas Falsches zu tun. Es heißt vielmehr, dass du in deinem Leben fehlst, d.h. nicht präsent bist. Es wurde dir geschenkt, aber du hast es nicht ausgepackt. Meine Frau Caroline drückt es mit folgenden Worten aus: „Jeder Tag, an dem dein Leben die Leidenschaft der Inspiration erfahren hat, ist ein guter Tag zu sterben." Die Angst vor dem Tod ist nicht die Angst vor dem Tod, sondern vielmehr die Angst davor, unerfüllt zu bleiben. Jeder Augenblick ist ein guter Augenblick zu sterben und es liegt nicht an dir, das zu entscheiden. Du kannst dich dem Tod genauso hingeben, wie du dich deinem Ausatmen hingibst. Jedes Ausatmen ist ein kleiner Tod. Im Grunde kannst du das Leben nicht richtig leben, solange du Angst vor dem Tod hast. Dich selbst kennen zu lernen bedeutet auch immer, dich mit dem Tod auseinanderzusetzen. Eine der größten Fragen, die man sich stellen könnte, lautet: „Kann ich irgendetwas tun, um den Tod zu finden, bevor er mich findet?" Aber als Erstes musst du das Geschenk deines Lebens auspacken. Und eins mit diesem Geschenk werden. Sei wachsam anstatt zu schlafen. Sei präsent.

Nach Eckhart Tolle existiert nur der „gegenwärtige Moment". Für ihn hat das Leben kein Ziel wie bei einer Reise; als ob es einen Ort gäbe, an dem man zu einem bestimmten Zeitpunkt sein müsste, einen messbaren Punkt in Raum und Zeit, bei dem diese beiden Variablen perfekt koordiniert sind und entsprechend alles gut wäre. Offen gestanden, gibt es diesen besonderen Punkt gar nicht, oder dieser Punkt existiert, nach Tolle, sehr wohl, allerdings genau im Hier und Jetzt, im „gegenwärtigen

Moment". Es ist jedoch die Frage, ob wir diesen Moment so empfinden, als ob „alles gut" ist.

Es ist verwirrend, dass ich mir als Autor dieses Buches in einem einzigen Satz selbst widerspreche, indem ich behaupte, es gebe „diesen Punkt" überhaupt nicht und gleichzeitig, es gebe „diesen Punkt" doch; außerdem behaupte ich auch, dass es Punkte gibt, die jedoch nicht dieser Punkt sind. Wenn ich sage: „Das ist *der* Punkt", dann meine ich wohl einen speziellen Punkt, und alles was rechts, links, oberhalb, unterhalb oder dahinter ist, gehört nicht dazu. Sich selbst kennen zu lernen ist ein fortlaufender Prozess, in dem die Paradoxien des Lebens bewältigt werden müssen. So funktioniert unser unterscheidender Geist, dies ist es und das ist es nicht. Dies ist der richtige Zeitpunkt, aber nicht der richtige Ort; dies ist der richtige Ort, aber nicht der richtige Zeitpunkt. Und somit setzt sich die Suche fort, weg vom gegenwärtigen Moment hin zu einem zukünftigen Moment, der jedoch unweigerlich nur als ein gegenwärtiger Moment erlebt werden kann. Es ist ein sehr gesundes Zeichen, wenn du dich, nachdem du das gelesen hast, vollkommen verloren fühlst. Ich habe versucht, etwas zu erklären, das nicht zu erklären, geschweige denn mit dem Verstand zu begreifen ist.

In Wirklichkeit gibt es eigentlich nur Punkte, die genau das sind, nämlich einfach nur Punkte. Dein ganzes Leben ist ein Kontinuum von Punkten, die nichts anderes sind. Sie unterscheiden sich nicht voneinander, und es ist einfach ein fortwährender und endloser Strom eines unendlich großen Punktes, genannt der „gegenwärtige Moment". Das ist der einzige Augenblick, der existiert, der existieren wird und der überhaupt jemals existieren kann. Deshalb gibt es nicht so etwas wie einen Weg, geschweige denn *den* Weg, der zu einem bestimmten Punkt führt; du bist bereits genau dort. Und noch entscheidender ist, dass du nicht nach dem richtigen Zeitpunkt oder dem richtigen Ort suchen musst!

Gleich zu Anfang dieses Buches möchte ich etwas kundtun, das vielleicht ungeschickt wirkt, aber dennoch wahr ist: Es gibt kein entsprechendes Wort, das die Größe und Weite dessen einfangen kann, was uns wahrhaft inspiriert. So wie Tolle es in seinen Büchern und Vorträgen tut, suchen wir auch in der Arbeit anderer Künstler, die sich durch Sprache, Bilder oder Musik ausdrücken, Hinweise zur Qualität des gegenwärtigen Moments. Kunst, die uns gefällt, stellt eine Resonanz her zwischen dem, was sich der Künstler vorstellt, und dem, was uns selbst inspiriert. Das Wesen der Kunst liegt darin, unsere eigene Inspiration zu stimulieren und uns wachzurütteln. Das, was wir erleben und was uns bewegt, kann nicht vollkommen in einem Bild ausgedrückt werden, und doch besteht eine große Sehnsucht danach, das, was uns inspiriert, zu ergründen. Diese Sehnsucht ist untrennbar mit der Frage „Was inspiriert mich?" verbunden. In dieser Sehnsucht liegt das Streben zu werden, was und wer wir wirklich sind, die Brücke zu schlagen zwischen dem, was wir geworden sind, und dem, wer wir eigentlich sind, zwischen dem menschlichen Tun („human doing") und dem menschlichen Sein („human being"). Sehnsucht und Inspiration bilden zusammen eine wunderbare, antreibende, evolutionäre Kraft in uns Menschen, durch die wir erblühen können. In diesem Sinne ist Sehnsucht als Verb gedacht: Sich sehnen ist das Streben nach Einheit, nach Ganzheit. Aus dem gleichen Grund ist auch dein Name ein Verb: *Ich bin Evert* ist „work in progress“. Ich bin keine Form, ich bin ein Prozess. Es geht darum, das zu entdecken, was dich begeistert. Das Leben ist nicht etwas, was dir geschieht; es ist das Kernstück deiner Aufmerksamkeit, die bis zum Tag deines Todes geübt werden will. Es ist eine bewusste Entscheidung, die du Tag für Tag immer wieder triffst. Tolle drückt es so aus: „Es geht darum, deine Verbindung und Ausrichtung zu finden und aus deinem inneren und äußeren Sinn zu leben.“ *(Eine neue Erde, Arkana)*

Die Frage „Was inspiriert dich?“ wird uns zum ersten Mal in einem Anfall von Bestürzung von unseren Eltern gestellt. Dabei klingt sie eher wie: „Was fällt dir eigentlich ein?“ oder „Was ist bloß in dich gefahren?“. Das passiert in einem Moment, in dem wir als Kind, unserer Neugier folgend, gerade etwas sehr Spannendes tun, was wir eigentlich nicht tun dürften. Im Allgemeinen ist es vor allem der scharfe Ton, mit dem uns die Frage trifft, der uns erschrecken lässt. Dieser Schreck macht uns darauf aufmerksam, dass uns unsere Neugier auf einen Weg gebracht hat, der nicht auf allgemeine Akzeptanz stößt. Wir tun dann etwas Falsches. Bis zu einem gewissen Alter wird unser Verhalten mehr oder weniger gebilligt und wir können uns durch irgendwelche Ausreden aus der Verantwortung für unsere „Fehler“ stehlen. Wenn wir einen fünften Keks nehmen, dann rechtfertigen wir uns mit: „Das war ich nicht, das waren meine Hände ...“. In der Formulierung „Was fällt dir eigentlich ein?“ liegt der Keim dessen, womit alle unsere Taten früher oder später verglichen, wonach sie beurteilt werden. Letztendlich erwartet man von uns, dass wir überlegen, was wir tun, dass wir uns Gedanken über unsere Handlungen machen und, was noch wichtiger ist, dass wir genau hinschauen, bevor wir springen, und genau wissen, was wir die ganze Zeit über tun. Notgedrungen durchlaufen wir diese Schule, die uns bedauerlicherweise lehrt, vielmehr auf unseren Kopf als auf unser Herz zu hören. Das Sehnen ist die Sprache des Herzens, die Sprache der Kreativität, die Sprache des Lebens. Der Kopf hingegen spricht die Sprache der Gewohnheit, der Reaktionsfähigkeit und des Überlebens.

Für jeden Menschen beginnt das Leben auf die gleiche Weise: Du wirst geboren und trittst deinen Aufenthalt auf diesem blauen Planeten an. Du bleibst vielleicht nur einen Tag oder vielleicht auch ein Jahrhundert oder irgendetwas dazwischen. Du weißt es einfach nicht, auch wenn du es gerne wüsstest. Wir können uns sehr darin verwickeln, aber schlussendlich läuft es auf Folgendes hinaus: Das Leben ist eine Entdeckungsreise. Du wirst geboren und dann stirbst du. Aber was machen wir in der Zwischenzeit? Darum geht es doch. Die Menschen haben sich seit Jahrhunderten den Kopf darüber zerbrochen, was wohl der Sinn des Lebens sei, und die Meinungen gehen dabei sehr weit auseinander. Außerdem ist diese Frage der Ursprung vieler Religionen und Ideologien; darin liegt auch der Keim für Konflikte und Kriege. Es ist doch merkwürdig, wie der Irrsinn von Konflikten und Kriegen letztendlich tief mit der Sinnsuche verbunden ist. Welchen Sinn macht es, deine persönliche Ansicht über die Sinnsuche deinen Mitmenschen mit Hilfe von Feuer und Schwert aufzudrängen? Es ist schwachsinnig, aber

wir tun es, im Kleinen wie im Großen. Im vorigen Jahrhundert brachten wir 180 Millionen Menschen deswegen um. Wenn Religion und Spiritualität ihre Seele verlieren, dann tritt ihr Schatten zutage: der Fundamentalismus.
Seit Tausenden von Jahren beginnen Menschen ihr Leben auf der Erde. Die Art deines Aufenthaltes hängt sehr von deinem Geburtsort und Geburtsjahr ab. Hast du dein Leben in der Eiseskälte des Nordpols verbracht oder in der sengenden Hitze der Serengeti oder etwa im milden Klima eines Landes wie Italien? Bist du vom Hightech der digitalen Welt umgeben oder ist dein Vater damit beschäftigt, seine Steinspeerspitze zu wetzen, bevor er zur Jagd geht? Die Umstände sind mannigfaltig, sie sind eine Gegebenheit, die dich prägt. Wir werden auf diesem Planeten geboren, um das zu werden, was wir sind, und das geschieht in Beziehung zu unserer Umwelt: zu Mitmenschen, Landschaften, Tieren, Pflanzen, Mineralien, anderen Planeten ... Es ist ein Ganzes, in dem alles seinen Platz hat und in Beziehung zueinander steht und jedes Ding nicht mehr und nicht weniger als das andere ist. Es ist die „Einheit allen Lebens", wovon Tolle in seinem gleichnamigen Buch berichtet. Die Buchecker entfaltet sich zu einer Buche, weil genau das ihre Bestimmung ist. Sie verfügt nicht über unsere menschliche Fähigkeit, im Verlauf ihrer Entwicklung zu sagen: „Mir ist die Sache mit der Bestimmung egal, mir ist heute nicht danach, deshalb kümmert sie mich nicht."
Das Wunder der Empfängnis ist größer, als wir es mit unserem Intellekt begreifen können. Von Millionen von Samenzellen schafft es genau eine, in eine Eizelle einzudringen und sie zu befruchten. Von dem Moment an entfaltet sich innerhalb von neun Monaten durch vielfache

Zellteilung und die Ausbildung bestimmter Zellfunktionen Lebensenergie. Zellen kommen und gehen, tragen zur Entwicklung eines menschlichen Körpers bei und arbeiten nach der Geburt weiter bis zum Tod. Tolle schreibt: „Allein die Erkenntnis, dass dein Körper aus Milliarden spezialisierter Zellen besteht, die wiederum aus unzähligen Milliarden atomischer Bausteine bestehen, lässt dich erkennen, dass die Intelligenz der Schöpfung um ein Vielfaches größer ist, als es der Intellekt überhaupt erfassen kann." *(Eine neue Erde, Arkana)*

Vom Tag der Empfängnis an entwickelt dein Körper alle möglichen Fähigkeiten in Bezug auf Einstellungen, Bewegungen, Empfindungen. Noch bevor du zur Welt kommst, bewegst du dich instinktiv und intuitiv dorthin, wo es sich gut und sicher anfühlt. Du vermeidest den Kontakt mit Bereichen, die sich unsicher und schlecht anfühlen. Du denkst gar nicht darüber nach, du folgst einfach diesem instinktiven Fluss. Die Fähigkeit, dich mit diesem Fluss zu bewegen, stellt die Grundlage für die harmonische Erhaltung des Lebens dar. Es ist der Tanz deiner Lebenskraft – die Energie, mit der du geboren wirst. Nachdem du das Licht der Welt erblickt hast, brauchst du diese Energie besonders dafür, deine Bedeutung herauszufinden und zu erfahren, wer dir Fürsorge, Aufmerksamkeit, Nahrung und Wärme geben kann. Auf diese Weise kann sich dein Körper, dein Zuhause für dieses Leben, entwickeln.
Parallel zu deiner körperlichen Reifung entwickelt sich allmählich auch dein Geist. Über die letzten zweitausend Jahre haben wir unserer Denkfähigkeit sehr viel Wert beigemessen und in den letzten hundertfünfzig Jahren haben wir bewusst sehr viel in die geistige Entwicklung durch

Erziehung und Bildung investiert. Du lernst zunächst ein rudimentäres ABC, welches dir anfangs dabei hilft, das Nötigste auszudrücken: „Papa“, „Mama“, „aua“, „lecker“, „schlafen“. Bald entwickelst du weitere verbale Fähigkeiten und die anfangs bunte, harmonische Welt verschwindet; schließlich lebst du hinter den starren Etiketten abstrakter Substantive und Konzepte. So funktioniert Erziehung: Du beobachtest etwas, benennst es, dann interpretierst du es, vergleichst es mit anderen Dingen, bewertest es als angenehm oder unangenehm, schön oder hässlich, gut oder schlecht und schon hast du die Welt um dich herum gewissermaßen in kleine Stücke zerlegt. Du erfährst die Welt nicht mehr über deine Sinne, sondern durch die Worte und Konzepte, die du den Dingen aufdrückst. Damit löst du den Kontakt zu ihnen auf und du „denkst“, dass du sie beobachtest. Dazu sagt Tolle: „Du hast keine Verbindung mehr zu dieser sehr lebendigen Buche, so wie sie im gegenwärtigen Moment vor dir auf der Wiese steht, sondern vielmehr zu einem geistigen, leblosen Konzept, das die Buchstaben B-u-c-h-e in deinem Kopf formt.“ (Assisi Retreat, Okt. 2013). Das Etikett Buche kennt keine Jahreszeiten, es bleibt bei einer Windstärke von neun Beaufort bewegungslos, es spürt auch nicht die Herzen, die Verliebte in seine Rinde schnitzen, und erlebt keinen Hund, der sein Bein an ihm hebt. Das Wort verliert zunehmend die Verbindung zu dem, was es bezeichnet. Anfangs lernen wir auf spielerische Art das Wort „Kuh“. Wir lernen, dass es sich um ein Tier handelt, und wir wissen auch, dass jede Kuh anders ist, obwohl wir längst nicht alle Kühe auf der Erde gesehen haben. Wir bezeichnen diese Tiere als „Kühe“, weil wir eine Reihe von typischen Merkmalen erkennen und wissen, dass es eben Kühe und nicht „Mäuse“ oder „Elefanten“ sind. Einer der Gründer dieser Denkart und Weltanschauung, der Philosoph Platon, nannte diese Sammlung typischer Merkmale die Form der „Kuh“. Und diese Form der „Kuh“, bereinigt von ihrer individuellen Einmaligkeit, ist ewig und unveränderbar. Das ist bei der Kommunikation mit anderen sehr praktisch: Jeder kennt eine Kuh. Wenn man jedoch von Gretchen 18[1] spricht, muss man noch einen weiteren Schritt gehen: Du vermutest aufgrund des Namens, dass es sich um eine Kuh handelt, aber du benötigst einen größeren Zusammenhang, um sicher zu sein. In dem Satz „Unser Gretchen ist krank“ lässt sich nur spekulieren, ob der Bauer über seine Frau, seine Tochter oder seine Kuh spricht.

Nach Platon gibt es für alles, das wir beobachten können, eine „Idee“, einen ewigen und perfekten Archetypen oder eine Urform, und nicht nur für konkrete Formen wie Kühe, Meerschweinchen, Menschen, Bäume und Pflanzen, sondern auch für Qualitäten wie „Reinheit“, „Schönheit“ und „Gerechtigkeit“. Somit gehört nach Platon zu jeder Form, die wir in einem Wort einfangen, eine unveränderbare und immerwährende „Idee“. Zusätzlich zur Existenz von Formen in unserer konkreten, erfahrbaren Realität, führt Platon hier also eine weitere Realität ein: die „Welt der Ideen“. Diese Welt enthält die Schlüsselbegriffe aller Formen, die wir in unserem täglichen Leben beobachten können. Jedoch beobachten wir nach Platon im Alltag nie die Schlüsselbegriffe oder „Ideen“ selbst, sondern nur deren Reflexion, die durch kreative

[1] In den Niederlanden, aus denen der Autor stammt, geben Bauern ihren Kühen Namen. Haben sie viele Kühe, ergänzen sie die Namen mit fortlaufenden Zahlen.

Energie geformt wird. Er unterscheidet zwischen der sinnlichen Welt, in der wir leben und alles mit unseren Sinnen wahrnehmen, und der „Welt der Ideen“, von der sich die sinnliche Welt ableiten lässt. Es wird zwischen zwei Welten unterschieden, die untrennbar miteinander verbunden sind: Die eine bedingt die andere und zusammen ergeben sie eine Einheit. Man könnte argumentieren, dass die „Welt der Ideen“ die sinnliche Welt dazu inspiriert, Formen zu erschaffen. In diesem Sinne ist die „Welt der Ideen“ eine höhere Sphäre, sozusagen der Himmel, so wie ihn das Christentum beschreibt, der uns zu schöpferischen Taten inspiriert. Inspiration und kreative Energie sind zwei Ideen, die sich auf das gleiche Konzept beziehen.

Wir haben jedoch zunehmend das Konzept zur absoluten Wahrheit gemacht und der äußeren Gestalt mehr Bedeutung beigemessen und somit die schöpferische Energie, wodurch die Form existieren kann, aus den Augen verloren. Wir haben die Verbindung durchtrennt, sodass die Inspiration zu Staub zerfallen ist. Das ist der Kern von Nietzsches Befund, als er den Zustand unserer westlichen Kultur einschätzte: Gott ist tot, wir haben ihn umgebracht. Eine schwerwiegende Diagnose einer Kultur und ihrer Religion. Nach einem Jahrhundert hallt dieses Echo immer noch in allen Segmenten der westlichen Kultur nach und findet zunehmend Resonanz, anstatt auf blinden und tauben Widerstand zu stoßen. Bereits Ende des 19. Jahrhunderts warnte uns Nietzsche vor dem Verlust der Inspiration durch die Wissenschaft, vor dem Verlust der kreativen Energie (Dionysos) und des Göttlichen. Seine Botschaft traf jedoch auf taube Ohren, das Schicksal all jener, die ihrer Zeit weit voraus sind. Wir haben unsere Inspiration deshalb verloren, weil wir begonnen haben, das Konzept über die Inspiration durch kreative Energie, die Materie über den Geist, das Denken über das Fühlen, den Verstand über das Herz zu stellen. Folglich haben wir die Verbindung zwischen der „Welt der Ideen" und der Welt der Sinne durchtrennt und nehmen die Ganzheit nicht mehr wahr; das Paradies ist verloren. Wer auch immer vom Baum der Erkenntnis über Gut und Böse isst, der verliert die Inspiration des Herzens. Ein Leben ohne die Inspiration des Herzens ist ein hartes Leben. Die Inspiration zu verlieren bedeutet unwiderruflich, den Sinn des Lebens zu verlieren und das Bewusstsein einzuengen. Wir „dösen weg" und öffnen Besessenheit, Sucht, Gewalt und Leid Tür und Tor. Solange es Leben gibt, kann nur die Vorstellung von Gott sterben oder sich an der Schwelle zu einer Neugeburt befinden. Die Seele Gottes jedoch streift weiterhin umher und ist in jedem Atom und über jedes Konzept hinaus gegenwärtig; die Form leitet sich vom Formlosen ab. Gott ist Energie, Gott ist Leben.

Durch Erziehung und Bildung nehmen dein Wissen und die Etikettierung der sinnlichen Welt zu. Das Denken entwickelt sich immer weiter und ergreift Besitz von deinem Leben und deiner Lebensenergie. Du lernst dabei zunehmend, eher deinem Verstand als deinem Herzen zu folgen. Bald erfährst du, dass unser Planet „Erde" heißt, und zwar nur auf Deutsch. Eine paar Jahre später lernst du, dass der deutsche Begriff dem holländischen „aarde" ähnelt. Hinzukommt das englische „earth", dann das französische „terre", das man nicht so leicht erkennen kann, und das schwedische Wort „jord", das nun überhaupt keinen Wiedererkennungswert mehr hat. Du setzt dich mit der Evolution auseinander und dem Platz der Erde im Universum. Mit Hilfe einer Landkarte wird dir klar, wie die Grenzen zwischen den verschiedenen Ländern verlaufen. Du kannst sie jedoch auf der Erde selbst nicht finden. Deine Wahrnehmung wird also noch abstrakter und die Erfahrung der Ganzheit zerfällt und verstreut sich mehr und mehr über Wörter und Bilder, mein und dein, innen und außen, unterscheidend und trennend. Tolle sagt dazu: „Dein Denken ist nicht mehr eines dieser wunderbaren, hilfreichen und nützlichen Instrumente, das dir dabei hilft, der zu werden, der du bist; es ist vielmehr eine Stimme, die du nicht mehr abstellen kannst, die deinen Geist in Besitz genommen hat. Du benutzt dein Denken nicht mehr, sondern dein Denken benutzt dich." *(Rotterdam Vortrag, Sept. 2012)*

Der einst so schöne und lebendige Körper, mit dem du in den ersten Monaten und Jahren deines Lebens verbunden warst, der dich als beseelter Kompass durch dein Leben geführt hat, ist nun ein schlichtes, funktionelles Instrument geworden, das deinem Kopf, in dem dein Verstand gespeichert ist, dient und alles tut, was dieser befiehlt. Dieser hochintelligente Kopf wiegt schwer auf deinem relativ dünnen Hals und eilt dem Körper ständig voraus, auf zum nächsten zukünftigen Augenblick. Unsere westliche Kultur scheint diejenige zu sein, die den Wert des Körpers am wenigsten schätzt. Was uns am meisten beschäftigt, ist die äußere Erscheinung und ihre Erhaltung. Die tieferen Bedürfnisse und seelischen Wünsche unseres Körpers werden uns in einer Sprache vermittelt, die wir nicht mehr verstehen.

Ähnlich wie bei der Beschreibung des Konzeptes der „Kuh“ in der Welt der Sinne verwehren wir uns unsere persönliche Authentizität, unsere Einmaligkeit und Lebendigkeit. Wir sind vielmehr „normal“, „durchschnittlich“, „rational“, „austauschbar“, „ein Etwas“ und „langweilig“. Warum bin ich hier auf diesem Planeten, warum sind wir auf der Erde, wer bin ich, was ist der tiefere Sinn oder was macht mich als Mensch glücklich und zufrieden? Was macht mich zu dem, was ich bin, und was lässt mich das tun, was ich tue? Was inspiriert mich? Wie fühle ich mich? Wie fühlt sich mein Körper an? Dies sind alles verschiedene Umschreibungen der gleichen Frage, die unser tägliches Leben bestimmt.

Inspiration ist weder eine Sache noch ein Konzept! Inspiration ist eine Qualität, mit der wir uns selbst wahrnehmen und unser Leben gestalten. Die Kraft der Inspiration ist eine grundlegend andere als die des Egos oder des Willens. Sie umfasst Tiefe, Werte, Herz, Verbindung, Energie, Hingabe, Vertrauen und schöpferisches Handeln. Inspiration ist etwas, das immer in Bewegung ist, immer im Fluss. Sie lässt sich nicht in eine Definition pressen.

Sich um seine Seele zu kümmern, erfordert Aufmerksamkeit und gewisse Fertigkeiten. Es ist eine Kunst, die Kunst zu leben, die darin liegt, in den kleinen Dingen des Lebens wachsam und gegenwärtig zu sein. Ganz im Gegensatz zu dem Grotesken, das unser Ego verfolgt und worin wir uns zunehmend verlieren, können wir in den Kleinigkeiten und einfachsten Dingen des täglichen Lebens, denen wir uns mit offenem Herzen und unvoreingenommener Aufmerksamkeit widmen, die Verbindung zu unserer Seele wiederentdecken. Die Auswirkung dieser inspirierenden Tätigkeiten reicht weit über die schein-

bare Bedeutungslosigkeit und Trivialität der Tätigkeit an sich hinaus, und das ist unendlich bereichernd.
Sich um seine Seele zu kümmern bedeutet ein Arbeiten im alchemistischen Sinne. Es ist nicht möglich, die Seele wahrzunehmen, wenn man absolut unbewusst lebt. In seinem Buch *Der Seele Raum geben – Wie Leben gelingen kann* bezeichnet Thomas Moore diese Art der Arbeit als „Seelenarbeit". Manchmal ist Seelenarbeit aufregend und inspirierend, aber meistens ist sie eher eine Herausforderung und erfordert aufrichtigen Mut. Sie ist selten geradlinig. Seelenarbeit ist oft mit einem tiefen Gefühl in uns verbunden, mit dem wir lieber nicht in Kontakt kommen, geschweige denn es fühlen wollen. Das macht es verständlich, dass wir unsere Seelenarbeit manchmal lieber nicht angehen wollen. Der ehrlichste Weg könnte der heikelste sein. Es ist nicht einfach, in unserem Innern Verbindung mit dem aufzunehmen, das uns am meisten herausfordert und uns mit unseren tiefsten Ängsten konfrontiert. Jedoch liegt im größten Widerstand die „Quelle der Seele", ihr Geburtsort. Außerdem möchte ich eine meiner ersten Quellen der Inspiration zitieren, nämlich Nietzsche, der von Tolle oft erwähnt wird: „Was mich nicht umbringt, macht mich stärker." Das Tragische an der Person Nietzsche ist, dass er ein Denker blieb, trotz seiner vielfältigen Einsichten und seiner Weisheit und trotz seiner Aversion gegen die Wissenschaft als große, antreibende Kraft in unserer nihilistischen westlichen Kultur. Er wurde von höllischen Migräneanfällen geplagt und litt sehr unter seiner Einsamkeit, sodass gegen Ende seines Lebens die zarte Verbindung zwischen seinem Körper und seinem Geist riss und sein psychisches Gleichgewicht dadurch ernsthaft ins Wanken geriet. Aus

seinen hinterlassenen Schriften spritzt einem die Leidenschaft seiner inspirierenden Gedanken förmlich entgegen und man kann es kaum vermeiden, dass sie einen tief berührt. Dennoch wirkt sie so übermächtig, dass man sich, obwohl sie einen inspiriert, im Nachhinein durch die freigesetzte Energie ziemlich hilflos fühlt.

Sich um die Seele zu kümmern ist ein essenzieller Bestandteil der Kunst zu leben. Es geht dabei schließlich um ein sehr grundlegendes Thema: das Leben. Und Inspiration ist der Herzschlag des Lebens. Als ich Eckhart Tolles erstes Buch *Jetzt!* vor elf Jahren am Strand der Insel Terschelling zum ersten Mal las, spürte ich vom ersten Moment an eine Herzensverbindung. Ein intensiver, jubelnder Enthusiasmus wurde in mir geweckt, der mich mitfühlend und zugleich ehrfürchtig machte. Er entfachte eine vibrierende Energie in mir, die weitaus größer war als ich. Ich erlebte, wie mein Herzschlag im Herzschlag von *Jetzt!* widerhallte – es war der Herzschlag des Lebens. Erst viel später erkannte ich, dass es so etwas wie „meinen Herzschlag" und „deinen Herzschlag" nicht gibt. Es gibt nur den einen universellen Herzschlag.

In späteren Jahren habe ich das Buch wiederholt gelesen, und der zarten, aber doch eindringlichen Einladung Tolles folgend bin ich die Leiter genauso oft hochgeklettert wie heruntergestiegen, um noch tiefer und höher in *Jetzt!* einzudringen. Es ist kein Buch zum einfachen Lesen, man muss es immer wieder lesen und sich ständig neu auf den gegenwärtigen Moment einlassen. Dieser Moment erhebt deine Seele und vertieft deinen Atem. Dabei habe ich anfangs die holländische Version des Buches gemieden, weil mir seine Erscheinung schlicht und einfach missfiel: Das kreischende Gelb verbunden mit dem quietschenden Titel *NU (Jetzt!)* wirkte auf mich so angespannt, dass ich mir sagte: „Lass es liegen und geh weiter, es ist bestimmt nur wieder eines dieser Bücher über die ‚sieben Stufen zur unendlichen Glückseligkeit'." Es dauerte ein Jahr, bis mich eine Schülerin wieder auf die Existenz dieses Buches aufmerksam machte. Etwas in ihrer Art, darüber zu reden, weckte meine Neugier. Ich kaufte mir das Buch und nahm es mit auf meine Urlaubsinsel Terschelling.

Wenn es eine Lebenskunst ist, sich um die Seele zu kümmern, dann gibt es auch Künstler, die diese Kunst lehren, und wenn das der Fall ist, dann gibt es auch Meister und Schüler in diesem Beruf. Ohne dass ich mich Tolle als sein Schüler vorgestellt hätte, fasste ich den inneren Entschluss, ihn als meinen Meister anzunehmen. Das Lehrer-Schüler-Verhältnis ist etwas sehr Besonderes. Früher war ich einmal als engagierter Schüler in einer spirituellen Schule aktiv, bis zu dem Punkt, an dem mir der Lehrmeister, den ich sehr verehrte, mitteilte, ich könne ihn als meinen Guru ansehen. Ein Guru zu sein führt in die Trennung, ein Lehrer zu sein bedeutet Verbindung. Es ist wunderbar einen Lehrer zu haben, dem man folgen kann, der einem die Gelegenheit gibt, neue und inspirierende Horizonte zu entdecken, während man auf seinen Schultern steht.
In einem seiner Notizbücher wundert sich Leonardo da Vinci, wieso das Auge im Traum besser wahrnehmen kann als im Wachzustand. Wenn wir wach sind, nehmen wir alles durch den Schleier der Konzepte und Konditionierungen wahr. Diese Erkenntnis offenbarte sich mir glasklar, als ich Tolles Buch auf Terschelling las:

Wir schlafen, obwohl wir hellwach sind. Wir schauen, sehen jedoch nicht. Wir hören, hören jedoch nicht zu. Es gibt das Erwachen aus dem physischen Schlaf und es gibt das Erwachen aus dem Bewusstsein heraus. In all seinen Büchern, Vorträgen, Retreats, Interviews, CDs, DVDs, Fernsehauftritten sowie in seinen *Present Moment Reminders*[2] geht es immer um das Eine: das Erwachen und die Entfaltung des Bewusstseins. Dennoch ist unser „Wachschlaf" sehr hartnäckig, weil wir uns dessen die meiste Zeit nicht bewusst sind. Tolles viele unterschiedliche Weckrufe ermöglichen es uns aufzuwachen, und das ist es, was ihn anspornt.

---

[2] Wöchentlich neu erscheinende Aphorismen und kurze Meditationen, in denen Tolle an das Verbundensein mit dem gegenwärtigen Moment erinnert, siehe auch www.eckharttolle.com/stay-informed/ (Anm. d. Red.).

2
JETZT!
DIE KRAFT DER GEGENWART

Nachdem ich das Buch gelesen hatte, fing ich an, Vorträge darüber zu halten. Ich wollte meine Begeisterung mit anderen Menschen teilen und so vielen wie möglich von der Existenz dieses Buches erzählen, damit sie selbst entscheiden konnten, ob sie es lesen wollten oder nicht. Wenn du nicht weißt, dass es dieses Buch gibt, dann kannst du es auch nicht lesen. Im weitesten Sinne kann man das auf alles übertragen, was wir bisher besprochen haben. Wenn du es noch nicht erlebt hast, dass du eigentlich schläfst, während du körperlich wach bist, kannst du dich auch nicht dafür entscheiden, im Bewusstsein aufzuwachen und entsprechend wahrhaft wach zu sein! Wenn du noch nie eine Verbindung mit dem, was dich inspiriert, erfahren hast, dann kannst du dich auch nicht um deine Seele kümmern. Es ist so, wie Eckhart Tolle es im ersten Kapitel von *Jetzt!* beschreibt: Wenn du nicht weißt, dass die Kiste, auf der du seit 30 Jahren am Straßenrand sitzt und bettelst, mit Gold angefüllt ist, dann hältst du die Hand auf und bittest um etwas, das du schon längst besitzt, ohne es zu wissen.
Ähnlich suchen wir weiterhin nach Freude, Zufriedenheit und Glück im Außen, während wir in unserem Innern einen Schatz tragen, der uns unendlich viel mehr bieten kann als die äußere Welt. Mit dieser Umkehr der Orientierung beginnt Tolle sein erstes Buch: von der äußeren zur inneren Welt. Das ist der Ausgangspunkt: mit der Welt in uns Kontakt aufzunehmen und eine Verbindung herzustellen. Es bedeutet, mit dem Arrangement unserer kognitiven Lernerfahrung zu brechen. „Du bist nicht dein Verstand" ist die Überschrift des ersten Kapitels. Auf kurze und prägnante Weise wird hier die Grundlage von über 350 Jahren etablierter Philosophie einfach wegge-

schoben: Dem kartesianischen Prinzip „Ich denke, also bin ich" wird schlicht entgegnet: „Du bist nicht dein Verstand."
Klarheit und Prägnanz machen Tolles Arbeit aus. Es gibt eine Vielzahl von Lebensauffassungen, von denen wir glauben, sie seien wahr, dabei sind sie es überhaupt nicht. In seinen Erklärungen, besonders zu diesen falschen Annahmen, kann Tolle seine Verwunderung kaum verbergen – natürlich vorausgesetzt, dass er dies will – und sehr oft entgleitet ihm auch ein leises Lachen. Er verkörpert Sanftmut und Bescheidenheit in seinen Einstellungen, seinen Bewegungen und seiner Ausstrahlung. Seine Aussagen und Erkenntnisse besitzen eine Kraft, welche die solide Grundlage einer Annahme einfach zerbröseln lässt. In seinen Worten gibt es keinen Kampf oder Streit. Es ist diese Klarheit seiner Aussagen, die jede Erklärung redundant macht, weil man sofort spürt, dass seine Worte die Wahrheit widerspiegeln. Über Descartes' Philosophie und ihre positiven und negativen Folgeerscheinungen sind Hunderte von Büchern und Millionen von Wörtern geschrieben und noch mehr gesagt worden. Der „Ja-Nein-Kampf" könnte Jahrhunderte weitergehen, da er an sich endlos ist. Es besteht kein Bedürfnis nach Einigkeit, sondern eher nach Widerspruch. „Das ist *die* Wahrheit", sagt der eine. „Oh nein, da liegst du völlig falsch, wie kannst du nur so etwas Dummes behaupten? *Dieses ist die absolute Wahrheit*", sagt der andere.
Du spürst sofort, dass Tolles Aussage „Du bist nicht dein Verstand" richtig ist, es ist eine instinktive Wahrnehmung und kein Gedanke. Der Verstand hat genug Eigeninteresse, um gar nicht auf solch einen Gedanken zu kommen. Es ist dein Körper, der die Wahrheit spürt. In seiner

einfachen und deutlichen Art erklärt Tolle, dass wir nicht unser Verstand sind, und, als ob das nicht genug wäre, wird uns durch die Lektüre seines Buches immer klarer, dass wir uns intensiver an unserem „inneren Körper“ orientieren sollten. Dadurch wird mit der christlichen Annahme gebrochen, dass unser Körper der Ursprung der fleischlichen Gelüste und somit der Weg zu Sünde, Teufel, Hölle und Verdammnis geebnet sei. Wo Christentum und Philosophie den Körper ablehnen und den hochintelligenten Verstand, als das wesentlichste Merkmal des Menschseins, in den Mittelpunkt rücken, fordert Tolle uns auf, diese unablässigen Stimmen in unserem Kopf zu ignorieren und uns vielmehr auf die Lebendigkeit des inneren Körpers zu konzentrieren. Er meint damit nicht den physischen, greifbaren Körper, sondern die Energie, die diesen physischen Körper anregt und erweckt, wie ein Barometer, das deine Verfassung wiedergibt, und wie ein Kompass, der dir zeigt, wo du deine Lebenskraft hinlenken kannst.

In früheren Zeiten endeten Menschen für weitaus moderatere Vergehen auf dem Scheiterhaufen. In unserer heutigen, modernen Zeit bleiben diese außerordentlichen Gedanken unbeachtet, weil sie die meisten Menschen nicht genug erschüttern oder nicht hip und sexy genug sind. Wir nehmen sie nicht wahr, weil wir nicht erkennen, was für eine neue Welt sie uns eröffnen könnten. Es geht nicht um die Ausführlichkeit der Erklärung – „du bist nicht dein Verstand“ ist perfekt für Twitter. Das gilt übrigens auch für das uralte, äußerst bedeutungsvolle Orakel von Delphi: „Erkenne dich selbst“. Dies sind hilfreiche Schlüssel zu Türen, die zu neuen Horizonten führen und damit Wege zu vollkommen neuen Erfahrungen eröffnen. Tolles Arbeit birgt viele solcher Schlüssel. Diese zu finden ist eine Sache, sie zu benutzen eine andere. Weltweit sind Millionen von Menschen von seiner Arbeit inspiriert. Seine Worte stoßen auf Resonanz und die Menschen erkennen die Schlüssel, nur sind viele bei ihrer Anwendung im Alltag überfordert. Die Schlüssel gehören zum Vorspiel: inspiriert zu werden ist eines, inspiriert zu leben ein anderes.

Jetzt! ist ein sehr ergiebiges Buch. Je mehr du es wiederholt von Herzen liest, von deinem inneren Körper aus, desto mehr erlebst du, dass es bei diesem Buch um dich selbst geht. Wenn du versuchst, das Buch mit der Einstellung zu lesen, alles verstehen zu wollen, wird dich dein einnehmender Verstand jedes Mal leer ausgehen lassen. Der Verstand ist nicht das richtige Instrument, um den Inhalt dieses Buches aufzunehmen. Dieser Punkt sorgt oftmals für Verwirrung: Wie kann ich dieses Buch lesen, ohne mein Gehirn einzuschalten? Man muss doch seinen Verstand entwickelt haben, um das Geschriebene lesen und verstehen zu können? Andere schließen daraus, dass alles, was mit Denken zusammenhängt, falsch sein müsse, und dass es besser sei, überhaupt keine Gedanken mehr zu haben. Nichts von all dem kommt dem, was Tolle ausdrücken möchte, auch nur annähernd nahe. Es gibt nichts gegen das Denken einzuwenden. Es ist eine Art, Bewusstsein auszudrücken, und darüber hinaus ein fantastisches Instrument. Hört man Tolles Vorträgen zu, merkt man an der Klarheit und Genauigkeit seiner Wortwahl und an der Art, wie er seine Gedanken aufbaut, wie fein sein Geist gestimmt ist. Darin zeigt sich eine erleuchtete Intelligenz. Tolle verwendet den Verstand als ein Instrument. Der Verstand schießt über sein Ziel hinaus, wenn wir anfangen, von ihm bestimmt zu werden, wenn wir glauben, dass wir diese oftmals unerträgliche Stimme in unserem Kopf sind. Das Resultat ist, dass wir unsere Gedanken nicht mehr anhalten können und vollkommen in ihnen gefangen sind. Die Identifikation mit dem Verstand – ein Zustand, der dir nicht bewusst ist, weil du schläfst, obwohl du wach bist – nennen wir Ego. Das Ego ist ein imaginäres Selbst, ein Produkt deines Verstandes.

In der Tat benötigst du deinen Verstand, um lesen und die Inhalte von Texten verstehen zu können, in ähnlicher Weise, wie du das Laufen gelernt hast oder den 100-Meter-Lauf als Olympiasieger. Oder wie du gelernt hast, die Schönheit einer wechselnden Landschaft während eines Spaziergangs wahrzunehmen. Denken, laufen und wahrnehmen sind drei Fähigkeiten, die uns in unserer Entwicklung fördern, aber keine dieser drei ist ein Selbstzweck. Der Sinn des Lebens liegt nicht darin, denken, laufen oder wahrnehmen zu lernen. Denken, Laufen und Wahrnehmen sind Instrumente, mit denen wir die Bedeutung des Lebens entdecken und entsprechend die Kunst des Lebens entwickeln können.

Lesen und Denken sind hervorragende Werkzeuge für unsere zwischenmenschliche Kommunikation. Die beiden Aussagen im Buch: „Du bist nicht dein Verstand" und „Richte deine Aufmerksamkeit auf deinen inneren Körper" sind zugleich eine Anleitung für den Leser, wie er sich am besten auf den Text einlassen kann. Versuche nicht, ihn über dein Denken zu verstehen, sondern versuche, dich auf die Schwingung oder die Atmosphäre, die im Buch spürbar ist, einzustimmen. In diesem Sinne

geht es dann nicht so sehr um die Worte, als vielmehr um das, was zwischen und hinter den Worten steht. Denn du lauschst nicht nur mit deinen Ohren, sondern mit deinem ganzen Wesen.
Vor einigen Jahren ging eine Journalistin von einer holländischen Zeitung nach seinem Vortrag auf Tolle zu, um ihn zu interviewen, und gab gleich am Anfang zu, dass sie mitten im Vortrag eingeschlafen sei. „Genau, das passiert sehr vielen Menschen, das ist jedoch überhaupt kein Problem. Sie nehmen aus dem Vortrag das mit, was für Sie gerade wichtig ist, und Ihr Wesen hat ihn gehört", antwortete Tolle mit einem freundlichen Grinsen.

Ich habe bereits einige Namen von Menschen genannt, die, jeder auf seine Weise, einen entscheidenden Einfluss auf unsere Denk- und Lebensweise haben. Platon, Leonardo da Vinci, Descartes, Nietzsche und auch Tolle selbst sind Menschen, die Eckhart Tolle als „Frequenzerhalter" bezeichnen würde. Leute wie Nelson Mandela, Mutter Theresa, Martin Luther King, Bob Marley, der Dalai Lama oder Bruce Springsteen sind Frequenzerhalter. Das sind Menschen, die auf einer bestimmten Frequenz in ihrem Leben arbeiten und eine konkrete Botschaft haben. Es ist die Schwingung der Botschaft, die uns vielmehr berührt als der Text, die Bilder oder die Taten, die diese Frequenzerhalter zu Menschen mit Sendungsbewusstsein machen. Wenn du feststellst, dass Tolle dich inspiriert oder dich anspricht, dann heißt das im Grunde, dass deine Schwingung mit seiner in Resonanz geht. Du nimmst ein Gefühl der Verbindung wahr, das viel intensiver ist als das rationale „Ich bin seiner Meinung". Dieses Mitschwingen auf einer höheren Frequenz kann zu einem

erhöhten Energieniveau im Körper führen. Du bist dann stärker mit deinem inneren Körper verbunden. Wenn du dieser Verbindung mit dem inneren Körper deine volle Aufmerksamkeit schenkst, wirst du mit dem Energiefeld deines Seins verbunden. Das ist dein Energiefeld der Inspiration und das ist das Tor zum Erwachen.
Anstatt dich andauernd mit vielen Dingen zu beschäftigen, geht es darum, still und achtsam zu werden. Suche den inneren Raum der Stille und gib dich ihm hin. Tolle zu lesen oder zu hören bedeutet, sich diesen Raum und diese Ruhe zu erlauben, um sich in seine Frequenz einzustimmen, in seine Schwingung, in sein Sein - in das Sein. Es ist unsinnig, von „seinem Sein" zu sprechen - ich kann ihn gerade leise kichern hören –, als ob es ein Possessivpronomen für das Sein gäbe: dein Sein, mein Sein, unser Sein ... Es gibt überhaupt nur ein unteilbares Sein, und diese Erfahrung der Einheit ist genau der Punkt. Tolle schreibt: „Sein kann als das ewig gegenwärtige ‚Ich Bin' jenseits von Name und Form gefühlt werden." *(Jetzt! J.Kamphausen)*

Im vorherigen Kapitel habe ich den Sinn des Lebens als die Entdeckung und Entwicklung dessen, was du in der Zeit zwischen Geburt und Tod tun willst, beschrieben. Und was machen wir in der Zwischenzeit? Für Tolle liegt der Lebenssinn darin, das Bewusstsein zum Erwachen und Erblühen zu bringen.
Ein guter Freund Tolles, Sir Ken Robinson, würde es anders formulieren: Er schreibt, dass es darum gehe, sein ureigenes Element zu finden und zu entwickeln. Was ist dein Element, welche Aktivität lässt Begeisterung in dir aufsteigen, wobei entwickelst du mehr Energie, spürst Befriedigung ... wann bist du in deinem Element? Ich

drücke diesen Zustand gerne mit noch anderen Worten aus einem etwas anderen Blickwinkel aus: „Was inspiriert dich?“ Doch letztendlich geht es nicht um die Worte. Nach Tolle geht es nicht um das, *was* er sagt, sondern darum, *wie* er es sagt. Oder noch genauer ausgedrückt: Er ist eins mit dem *Wie* und dem *Was*, er ist inspiriert und kann gleichzeitig ein Gefäß für sein Element sein, wenn er Vorträge hält oder Bücher schreibt. Nichts ist inspirierender und anziehender als in der Nähe eines Menschen zu sein, der in seinem Element ist, und dabei ist es unwichtig, ob er Bäcker, Lehrer, spiritueller Meister, Fußballspieler, König oder jemand ist, der Fahrräder repariert. Wenn du in deinem Element bist, bist du unmittelbar mit deinem Sein im gegenwärtigen Moment verbunden, du bist vollkommen eins damit, und es gibt keinen Funken Ego zwischen dir und deinem Tun. Das, was man als das Selbst bezeichnen könnte, steht dir nicht mehr im Weg, weshalb deine Seele fließen kann wie ein ununterbrochener Bewusstseinsstrom. Und dieses Verbundensein im gegenwärtigen Moment strahlt durch die Dinge, die du tust, und bereichert jede Beziehung zu anderen Menschen, egal wie kurz oder scheinbar unbedeutend diese Beziehung auch sein mag. Die Begegnung mit der Kassiererin im Supermarkt kann sich zu einem Moment der Verbundenheit verwandeln, anstatt in dem üblichen Verhalten zu versanden.

Für Tolle ist es wichtig, seine Vorträge in Gegenwart von Menschen zu halten. Er will zum Beispiel nicht allein im Studio stehen, um Vorträge auf CD, DVD oder für Eckhart Tolle TV aufzunehmen. Er hat einige Male versucht, Aufnahmen ohne Publikum für Eckhart Tolle TV zu machen, aber ihm fehlte die Inspiration, weil es keinen

Austausch mit anderen Menschen gab. Es ist der Kontakt zu den Menschen, der ihn inspiriert und wodurch er diese Schwingung der Ruhe, der Weisheit, des Humors und der Zufriedenheit ausstrahlen kann. Eckhart Tolle ist ein Frequenzerhalter und für viele Menschen ist es sehr inspirierend, sich auf seine Schwingung einzulassen und mit ihr mitzuschwingen. Die Schwingung ist entscheidender als der eigentliche Inhalt der Worte. Schwingung ist formlos, Worte hingegen sind Form.

Das Angenehme bei einem Frequenzerhalter ist, dass es wenig Störung in der Leitung gibt. Die Frequenz ist rein, klar, offen und frei. Es gibt keine Nebengeräusche in Form von Konditionierung oder Ego, und wenn du dich auf diese Frequenz einlässt, kannst du dich sogar deiner eigenen Konditionierung entledigen. Es ist so wie sich vor einem schönen Kaminfeuer zu wärmen: Du bist herzlich dazu eingeladen, dir einen Platz zu suchen und dich aufzuwärmen, ohne dass du irgendeinen Mitgliedsbeitrag bezahlen, drei Ave Maria und vier Vaterunser aufsagen, ein Führungszeugnis vorlegen oder einen Test über Spiritualität bestehen musst. Nichts dergleichen. Bleib stehen oder nimm Platz, wie es dir gefällt, und lass dich einfach vom Feuer wärmen. Tolles Bücher zu lesen oder seine Vorträge zu hören ist wie eine stille Reinigung deiner Schwingung. Es befähigt dich, dich genauer auf die Schwingung deines Elementes, deiner Inspiration einzulassen und jedes unnötige und ablenkende Geräusch zu beseitigen. Schon allein das führt dazu, dass du dich gelassener und zufriedener fühlst. Wenn du seine Arbeit und Vision durch diese offene Haltung aufnehmen kannst, kommst du zunehmend zu dir selbst, und das ist ein Geschenk des Himmels. Wie viele andere suchst vermutlich auch du nach Frieden und Gelassenheit. Wenn dem so ist, ist dies gewiss ein Weg dorthin.

Ich habe bereits in der Einführung zu Eckhart Tolle und seinen Lehren erwähnt, dass das Buch *Jetzt!* ein sehr ergiebiges Werk ist. Das Schöne an der Form, wie dieses Buch geschrieben wurde, ist, dass es Spuren seines Ursprungs enthält. Nachdem Tolle aus dem Alptraum seiner stark depressiven Existenz, die ihn fast bis zum Selbstmord getrieben hätte, aufgewacht war, verbrachte er die Tage damit, auf Parkbänken zu sitzen, auf wundervolle Weise in der Natur und mit ihr verbunden. Das Angenehme daran ist, dass es bei dieser Verbindung mit der Natur keine Werturteile gibt.
Das Wundersame an diesem plötzlichen Erwachen war, dass Tolle, obwohl er sich außerordentlich ruhig und zufrieden fühlte, gar nicht genau nachvollziehen konnte, was mit ihm geschehen und über welche Schwelle er getreten war. Bis dahin hatte er sich mit Psychologie, Philosophie und den spirituellen Schriften des Mystikers Joseph Anton Schneiderfranken, auch bekannt unter dem Namen Bô Yin Râ, beschäftigt und dadurch den starken Antrieb verspürt, eine Erklärung für seine depressiven und unglücklichen Gemütszustände zu finden. Schon seit seiner Kindheit war er auf der Suche nach Antworten auf die ganz großen Fragen, wie zum Beispiel: Hat das Universum ein Ende? Jedoch ist dieses unablässige Verlangen und Drängen nach Antworten nicht das Gleiche wie plötzlich in sie hineinzustolpern. Der Wandel war extrem schnell, umfassend und überwältigend – ein Wandel, der sich für die meisten Sterblichen wie dich und mich eher monoton gestaltet. Manchmal sogar in einem dermaßen langsamen Tempo,

dass wir uns in unserer ganzen menschlichen Verzweiflung fragen, ob sich überhaupt jemals etwas ändern wird. Denn der Verstand, der mich andauernd fragt, wann ich endlich am Ziel sein werde, wann der richtige Augenblick in Zeit und Raum, in dem alles gut ist, kommen wird, kann den Wandel nicht wirklich wahrnehmen.

Als Tolle diesen Wandel im Alter von neunundzwanzig Jahren buchstäblich über Nacht erlebte, war es für ihn eine große Herausforderung, seinen Platz in diesem neuen Zusammenhang zu finden. Wenn sich jede Identifikation mit jeder Facette deiner Persönlichkeit plötzlich auflöst, dann spürst du das extrem einfache und allumfassende „Ich bin“. Gleichzeitig bleibst du jedoch Teil einer immer noch bestehenden sozialen Struktur. Nisargadatta Maharaj ist ein gutes Beispiel eines spirituellen Lehrers, der, wie Tolle, in seinem spirituellen Leben jegliche Identifikation mit der Welt, dem Körper, der Persönlichkeit und dem Geist radikal ablehnte. Nach seiner plötzlichen Wandlung erkannte Tolle in sich selbst eine starke Kraft, die ihn dazu verführen wollte, sich der Sphäre der Nondualität vollkommen hinzugeben, aber er entschied sich dagegen, weil er den Ruf verspürte, mit Menschen in Kontakt zu treten und ihnen als spiritueller Lehrer zu dienen. Anstatt an einem Ort zu bleiben, an dem die Menschen zu ihm kommen würden, fing Tolle allmählich an, mit Hilfe verschiedener Medien auf die Menschen zuzugehen. Er bemerkte einmal im Scherz: „Ich lebte ja in England, nicht in Indien, wo du als Guru keine Angst vor dem Verhungern haben musst, weil es immer jemanden geben wird, der dich mit etwas füttert.“ *(Mill Valley Vortrag, Juni 2013)*

Nach seinem Erwachen kündigte er seine Stelle als Wissenschaftler an der Universität Cambrigde und entschied sich, seine Einsichten mit ehemaligen Kollegen und Menschen zu teilen, die er auf den Parkbänken kennen gelernt hatte. Damals hätte er sich als „Heiler" bezeichnet, hätte er dem Ganzen einen Namen geben müssen. Er bemerkte, dass seine Erkenntnisse und Kommentare, besonders jedoch seine Präsenz einen heilenden Effekt auf die Menschen hatten, mit denen er sprach. Er ging also diesen Weg weiter und hörte zunehmend die Frage: „Warum schreibst du deine Erkenntnisse nicht in einem Buch nieder?" Dieser Gedanke war ihm selbst noch nicht gekommen. Er fing an, die unzähligen Fragen und Bemerkungen der Menschen auf kleinen Notizzetteln niederzuschreiben, und legte zuhause eine Sammlung an. Die Ansicht all dieser gelben Notizzettel inspirierte ihn schließlich dazu, doch ein Buch zu verfassen. Gleichzeitig verspürte er einen starken inneren Drang, in die USA zu gehen. Wieso oder weshalb? Er hatte keinen blassen Schimmer. Es war jedoch ein deutlicher Impuls, der sich nicht ignorieren ließ. Also machte er sich auf nach Sausalito, an die Westküste der USA, nördlich von San Francisco. Er bezog ein Haus in einer ruhigen Umgebung mit atemberaubendem Ausblick über die San Francisco Bay, und an diesem Ort stiegen die Worte für sein Buch *Jetzt!* allmählich in ihm auf.
Er nimmt immer die gleiche Haltung ein, ob er nun schreibt oder lehrt: Er richtet seine Aufmerksamkeit nach innen und verbindet sich mit seiner Quelle. Entsprechend fließen die Worte aus seinem Mund oder seiner Feder. Ich vermute, er selbst würde es anders ausdrücken: Die Quelle allen Seins sucht ihn und er gibt sich ihr hin. Er ist ein Werkzeug des Seins, er dient ihm, damit auch andere

an dieser Seinsebene teilhaben können. Um es mit dem Begriff „Mensch-Sein“ zu erklären: Der „Mensch“ Eckhart Tolle ist vollständig verschwunden, geblieben ist das „Sein“. Die vielen gelben Notizzettel waren durchaus hilfreich beim Schreiben. Was auf ihnen notiert war, findet sich in den vielen Fragen und Kommentaren in *Jetzt!* wieder und diente als Rahmen für die Struktur des Buches.

Diese Arbeitsmethode, den inneren Impulsen zu folgen und wachsam zu beobachten, was zu tun ist, und sich dem aktiv hinzugeben, ist ein schönes Beispiel dafür, dass bei Tolle Wort und Tat eine Einheit bilden. Er sagt uns nicht nur, dass wir ein Leben in Einklang mit uns selbst und unserer kreativen Kraft führen können, er zeigt es uns auch. Er findet nicht nur die Schlüssel zum Tor, er benutzt sie auch und geht den Weg, der ihn inspiriert, Schritt für Schritt. Darüber hinaus betont er immer wieder: Ich bin nicht anders als ihr – wenn diese Art des Lebens euch anspricht ... dann lebt sie, fühlt euch wie ein freier Geist!

Außerdem ... einem inneren Impuls zu folgen ist nicht gleichbedeutend damit, einen Impuls zu kontrollieren. Als Tolle mit seinem Buch fast fertig war, entschloss er sich, nach England zurückzukehren, um es dort zu beenden. Doch als er zurückgekehrt war, versiegte die Quelle. Seine Inspiration geriet ins Stocken und er brachte kein einziges Wort mehr zu Papier. Also reiste er abermals nach Sausalito, um dort sein Manuskript zu Ende zu bringen. Der „Mensch“ Eckart Tolle hatte mal wieder im Weg gestanden und ihm das Gefühl vermittelt, er brauche nicht länger in Sausalito zu bleiben. So war die Verbindung zur Quelle kurzzeitig unterbrochen.

3

AUSSERHALB DER ZEIT

Diese Übereinstimmung zwischen Wort und Tat, verbunden mit seinem wunderbaren Sinn für Humor und seiner entgegenkommenden Art, machen Tolle zu einem inspirierenden Lehrer. Auf die Tatsache, dass er als „spiritueller Lehrer" gilt, musste er von anderen hingewiesen werden. Die Leute erklärten ihm: „Wenn du diese Art Bücher schreibst und solche Vorträge hältst, dann bist du ein spiritueller Lehrer." Er wird daraufhin zweifellos, seine Augenbrauen staunend etwas hochgezogen, freundlich mit dem Kopf genickt und mit einem kleinen Seufzer geantwortet haben: „Okay, dann bin ich das also jetzt ... ein spiritueller Lehrer." Dann wird er wieder in Schweigen versunken sein, während er sich die Worte auf der Zunge zergehen ließ, um ihren Geschmack zu prüfen. Gleichzeitig wird er mit einem Augenzwinkern überlegt haben, ob er nicht noch eine Prise Humor hinzufügen könne, wie: „Ach ja ... das ist gut ... endlich bin ich angekommen ... meine Mutter wäre nun beruhigt, dass ich jetzt endlich etwas geworden bin", um dann sein typisches schelmisches Kichern hören zu lassen. Die Botschaft ist hier: Ich ergebe mich, nicht mein, sondern dein Wille geschehe. Diese Entscheidung trifft Tolle immer wieder, wenn er sich als Instrument für die Inspiration, die sich durch ihn zeigen will, zur Verfügung stellt.

Tolle verwendet regelmäßig Bibelzitate, und man spürt seine tiefe Ehrfurcht, seinen Respekt und seine Liebe für die Heilige Schrift. Er hat einmal erwähnt, dass er daran interessiert sei, dem Heiligen Wort seinen ursprünglichen, „vor-kirchlichen" Glanz wiederzugeben, da das Original der Heiligen Schrift sehr viele wunderschöne und klare Bildnisse enthalte, die eine tiefe, inspirierende Wahrheit wiedergeben. Vieles von dieser ursprünglichen

Herrlichkeit ist über die Zeit oder sogar schon direkt zu Anfang, als die Heilige Schrift niedergeschrieben wurde, verloren gegangen.
Sich zu ergeben ist demnach ein entscheidender Schritt, den wir gehen müssen, wenn uns unser „Mensch“ wieder in die Quere kommt. Auch Jesus erkennt im Garten Gethsemane, dass es um „Hingabe“ geht und dass es das ist, was Gott von ihm erwartet: bereit zu sein, sich an das Folterinstrument Kreuz nageln zu lassen und sich dem intensiven Leiden und damit dem Leben vollkommen zu überlassen. Welch ein starkes Bild – wie unbedeutend unser eigenes Leid im Vergleich dazu erscheint. Jesus fleht Gott an, wider besseres Wissen, dass dieser Kelch an ihm vorübergehen möge. Jeder Mensch versteht diesen Moment, in dem man etwas nicht wahrhaben, nicht erleben, sich aus einer Angelegenheit herauswinden will oder alle möglichen Rechtfertigungen und andere ausweichende Strategien ins Feld führt, nur um diesen einen Schritt nicht machen zu müssen – den großen Schritt, Ja zum gegenwärtigen Moment zu sagen und sich dem, was ist, vollkommen hinzugeben.
Wenn du dich vom Denken als einer Form des Verhaftetseins befreien willst, wenn du dich aller Identifikationen mit der Welt, dem Ego und dem Körper entledigen willst, dann ist eine bewusste Entscheidung dazu nötig, deine kleine, sichere, egodominierte Welt zu verlassen und dich der größeren Verbundenheit mit allem Leben hinzugeben. Jeder Mensch kann diesen Punkt erreichen, kann bis zu dieser Schwelle vordringen, über sie hinwegtreten und durch den Torbogen gehen, auf dem geschrieben steht: JETZT.

Es gibt einige nennenswerte Eigenschaften dieses Tores. Eine davon haben wir bereits flüchtig gestreift: die große Angst vor und den Widerstand gegenüber möglichem Leid, das uns eventuell erwartet, wenn wir uns dem Willen des Lebens hingeben. Durch dieses Tor zu treten ist an sich schon ein Prozess, bei dem wieder einmal der Verstand eine entscheidende Rolle spielt: Der Verstand baut sich vor dem Tor als Wächter auf, blockiert uns den Weg, indem er uns mit allen möglichen Fragen, Drohungen und Zweifeln bombardiert. Wenn wir beim Tor angekommen sind, stellt uns der Wächter als erstes die Frage, ob es überhaupt richtig ist, hindurchzugehen, ob es jetzt sein muss oder ob wir nicht lieber etwas warten sollten. Ein hervorragender Trumpf unseres Denkens, das Warten. Worauf? Auf eine Erlaubnis? Auf den richtigen Augenblick? Auf das richtige Zeichen? Auf die richtigen Schuhe? Den richtigen Partner? Und was ist überhaupt „richtig"? Und woher weiß ich, ob ich „richtig" beobachtet habe, woran kann ich es ablesen oder womit messen? Und ist das Instrument, das ich dazu benutze, auch tatsächlich zuverlässig und geeicht? Und ist das Unternehmen, das dieses Instrument geeicht hat, auch wirklich professionell und kompetent genug? Hat es auch seine Zulassung für dieses Jahr beantragt? Wunderbar, oder ...? Genügend Gedanken-Nahrung, damit du dein ganzes Leben mit Nachdenken verbringst. Es ist eigentlich genau das, was wir tun: Wir schieben unser Leben vor uns her und in der Zwischenzeit sind wir sehr damit beschäftigt, nichts zu tun. Wir verschwenden unsere Zeit und unsere Lebenskraft, in dem wir auf ein besseres Jetzt warten. Das ist nur eine Erscheinungsform des Wächters, und dabei noch die angenehmste. Der Wächter kann dir

auch zuflüstern, dass direkt hinter der Türschwelle eine tiefe, gefährliche Klamm liegt, von Nebel durchdrungen, ein Höllenhund mit sieben Köpfen, ein glühend heißes Feuer oder einfach nur das Nichts. Wenn dich dort nur das Nichts erwartet, warum solltest du dann durch das Tor gehen? Nichts ist nichts und darüber hinaus noch furchtbar langweilig!
Eine weitere Erscheinungsform des Wächters drückt sich in folgender Frage aus: Woher weißt du, dass dieses Tor für dich bestimmt ist? Und eine weitere ist, dass du zwar jederzeit hindurchgehen darfst, nur eben nicht Jetzt! Du kannst in jedem beliebigen Moment, in dem du es dir wünschst, hindurchgehen, nur eben nicht Jetzt ... Da zeigt der Wächter seinen Sinn für Humor und erweist sich als der Erfinder des Slogans: Morgen gibt es Freibier! Morgen stehen euch die Türen offen und wer möchte, kann gerne eintreten!
Noch eine andere nette Erscheinungsform des Wächters, die vermutlich sehr offenkundig ist, ist das Grübeln: Wenn ich dieses tue, dieses bezahle, dieses gebe, mir dieses ausdenke oder jenes verspreche, wenn ich ein Leben in Bescheidenheit, Uneigennützigkeit und in der Bereitschaft zu dienen lebe, darf ich dann erfahren, was sich hinter dem Tor befindet? Oder wenn ich mein Haus abgebe, meine Kreditkarten, mein Geld, meine Kinder, meine Frau, meine Geliebte, meinen Hund und mein Auto, was bekomme ich dann als Ausgleich, wenn ich durch das Tor gehe? In Gottes Namen, sagt mir, wer oder was ich sein werde, wenn ich die Türschwelle überschritten habe!
Ein weiteres Merkmal des Tores ist, dass es sich immer im Jetzt manifestiert. Man kann nicht sagen – obwohl

man es doch sagen und ich es auch hier schreiben kann, auch wenn es überhaupt keinen Sinn macht –: „Nächsten Dienstag werde ich durch das Tor gehen“ oder „Vor einem Monat war ich am Tor“. Das Tor ist immer Jetzt, auch die Entscheidung ist immer Jetzt, ob du nun hindurchgehst oder nicht. Man kann also nicht sagen: Ich muss erst noch dieses oder jenes lernen, dann kann ich durch das Tor gehen. Das Tor ist Jetzt hier, und du kannst nur Jetzt hindurchgehen. Der Untertitel des Buches heißt nicht umsonst *Die Kraft der Gegenwart*. Es heißt nicht „Die Kraft von morgen“ oder „Die Kraft von letzter Woche“. Tolle schreibt dazu: „Hast du jemals etwas außerhalb des Jetzt erlebt, getan, gedacht oder gefühlt? Nichts ist je in der Vergangenheit geschehen; es geschieht im Jetzt. Nichts wird je in der Zukunft geschehen; zukünftige Ereignisse geschehen im Jetzt.“ *(Assisi Retreat, Okt. 2013)*

Vergangenheit und Zukunft sind zwei Worte, die untrennbar mit einem dritten Wort verbunden sind, nämlich dem Zeitverständnis. Vergangenheit, Zukunft und Zeit sind nach Tolles Vorstellung drei abstrakte Begriffe. Man kann nicht auf die Vergangenheit, die Zukunft oder die Zeit zeigen und sagen: „Schau, dort ist die Vergangenheit, dort die Zukunft und dort die Zeit. Greife sie oder erfahre sie ...“ Weder die Vergangenheit noch die Zukunft oder gar die Zeit ist etwas, das in der realen Welt erfahren werden kann. Es sind lediglich Vorstellungen. Deshalb denkt unser Verstand ganz anders darüber. Er versucht eine Erklärung dafür zu finden, warum wir uns so elend fühlen, und stellt automatisch eine Verbindung zur Vergangenheit her. Denn weil damals etwas passiert ist, geht es uns jetzt schlecht. Jenes ist die Ursache und dieses der Effekt. Und wir fühlen uns dermaßen elend, dass wir kaum bis gar keine Hoffnung haben, dass es morgen besser werden könnte. Jenes ist die Ursache, dieses der Effekt und so wird es weitergehen. Erkennst du dieses Lied? Weil ich vor drei Jahren einen Unfall hatte, leide ich jetzt an ständigen Kopfschmerzattacken und habe Angst, dass ich deshalb meinen Job verlieren werde. Weil ich als junge Frau in der Pubertät eine furchtbare sexuelle Erfahrung gemacht habe, fällt es mir jetzt schwer, mich vollständig auf jemanden, den ich liebe, einzulassen. Weil ich streng religiös erzogen wurde, ertrage ich das Wort Gott nicht mehr. Weil ich früher andauernd nervös und angespannt war, kann ich jetzt nicht mehr ohne meine Beruhigungsmittel leben. Und wenn wir es satt haben, nach Gründen in unserer Vergangenheit zu suchen, nehmen wir einfach die Zukunft, mit der sich ein ähnliches Spiel spielen lässt. Unser Herz schlägt voller Erwartungen: Morgen werde ich meinen Traumjob haben. Nächste Woche gewinne ich im Lotto. Wenn die Kinder in drei Jahren aus dem Haus sind, wird alles besser. Wenn ich in sechszehn Jahren meinen Ruhestand antrete, wird mein Leben erst richtig losgehen! So tickt das Metronom hin und her zwischen den verlorenen Träumen der Vergangenheit und den hohen Erwartungen an die Zukunft – ein schmerzhaftes Lied. Erkennst du seine Melodie oder seine tiefere Bedeutung? Es ist nichts Dramatisches, wir tun es alle, jeder singt seinen Teil. Es wäre schön, wenn du dein Lied erkennen könntest, um damit aufzuhören, denn du selbst, und vermutlich auch deine Umgebung, hängen darin fest und nichts ändert sich. Es scheint sich auch nicht ändern zu können, da dein Lied dann nicht mehr

richtig klingen würde ... und was würdest du stattdessen singen? Erlaube dir an diesem Punkt einmal, das Lied des Atems und der Stille zu singen. Tolle sagt dazu:
„Die Essenz dessen, was ich hier beschreibe, kann mit dem Verstand nicht erfasst werden. In dem Moment, wo du es erfasst, schaltet dein Bewusstsein um: vom Verstand zum Sein, von der Zeit zur Gegenwart. Plötzlich fühlt sich alles lebendig an, alles strahlt Energie und Sein aus.“ (*Mill Valley Vortrag, Juni 2013*)

Das folgende, aufschlussreiche Gleichnis von Platon verdeutlicht diese Erfahrung: Stell dir Menschen in einer großen Höhle vor, die nur durch einen langen Gang mit der Außenwelt verbunden ist. Dadurch kann kein Tageslicht in die Höhle eindringen. Eine Reihe von Gefangenen sitzt mit dem Rücken zum Ausgang und blickt auf die gegenüberliegende Höhlenwand. Sie sind an Hals und Schenkeln so fest angekettet, dass sie ihre Köpfe nicht drehen können. Sie können weder sich selbst noch die anderen sehen. Sie sehen nur die Wand vor ihnen. So haben sie ihr ganzes Leben verbracht, sie kennen nichts anderes. Hinter ihnen befindet sich eine Mauer, so hoch wie ein Mensch. Hinter dieser Mauer lodert ein Feuer, und es laufen Menschen hin und her und tragen alle möglichen Gegenstände auf ihren Köpfen, einschließlich Steinen und Nachbildungen von Menschen und Tieren aus Holz. Durch das Feuer werden Schatten dieser Gestalten auf die Wand vor den Gefangenen geworfen, auch die Stimmen dieser Träger werden von der Wand als Echo zurückgeworfen. Platon sagt dazu, dass die Gefangenen nur Schatten und Echos in ihrem Leben kennen und diese als ihre Realität betrachten und sie entsprechend deuten.

Würde ein Gefangener seine Ketten abschütteln, wäre er durch das lebenslange Gefesseltsein so verkrampft und steif, dass ihm allein das Umdrehen Schmerzen bereiten würde. Außerdem würde ihn das Feuer blenden. Er wäre unglaublich verwirrt und würde sofort zur Wand mit ihren Schatten, zu der Realität, die er versteht, zurückkehren wollen. Führte man ihn aus der Höhle hinaus ins gleißende Sonnenlicht, könnte er für lange Zeit nichts sehen oder verstehen. In dem Augenblick aber, in dem er sich an die Außenwelt gewöhnt hätte und dann in die Höhle zurückkehrte, um von seinen Erfahrungen zu berichten, wären die anderen Gefangenen nicht in der Lage, diese nachzuvollziehen, da es in ihrer Sprache ausschließlich Schatten und Echos gibt. Seine Beschreibung der reflektierten Schatten wäre aufgrund seiner Erlebnisse nun eine andere, und seine veränderte Art darüber zu sprechen ließe ihn in den Augen der anderen Gefangenen als einfältig erscheinen. Sie würden ihn sogar als Bedrohung betrachten und ihn möglicherweise töten wollen.

In dieser Geschichte ist Tolle als der Botschafter zu erkennen, der sich von den Ketten befreit hat und mit Einsichten und Entdeckungen zurückkommt. Zum Glück ist keiner ernsthaft böse mit ihm geworden – außer ein paar sonderbaren religiösen Fanatikern –, auch wenn es hinsichtlich seiner Lehre erhebliche Zweifel gibt und manchen das Verständnis dafür fehlt. Das wird jedoch durch die Millionen von Menschen ausgeglichen, die durch seine Bücher und Vorträge Inspiration für eine bessere Lebensqualität und Intensität finden, und die große Veränderungen erleben. Das ist eben so.

Der Gefangene, der sich von seinen Ketten befreit hat, entdeckt verschiedene Schichten, durch die man die Welt kennen lernen kann. Er hat zunächst die Schicht der Schatten entdeckt und dass sie durch das Licht eines Feuers auf eine Höhlenwand projiziert werden. Dann erkennt er, dass die Schattengestalten durch die Gegenstände, die die Menschen auf ihren Köpfen tragen, entstehen – die zweite Schicht. Draußen, vor der Höhle, entdeckt er eine dritte Schicht, indem er feststellt, dass die Formen auf den Köpfen lediglich Reflexionen der umgebenden, lebendigen Natur sind. Es wird außerdem deutlich, dass man seine Sinne entwickeln bzw. anpassen muss, um das zu erkennen, was in jeder Schicht zum Ausdruck kommt. Schließlich wird offensichtlich, dass Menschen in der gleichen Schicht leicht über ihre Beobachtungen sprechen können, die Kommunikation zwischen verschiedenen Schichten jedoch schwierig ist oder sogar zu ernsthaften Konflikten führen kann.
Normalerweise beobachten wir etwas, interpretieren es oder ziehen basierend auf unserer Lebensgeschichte, unserer Erziehung und Bildung unsere Schlüsse daraus. Wir entwickeln feste Vorstellungen und Konzepte. Und wir leben sie. Manchmal wirst du durch eine Lebenskrise aufgeweckt: durch eine Scheidung, eine Krankheit, Tod oder Unfall, durch etwas Unvermeidliches, so wie es Cosmo in dem Film *Mondsüchtig* widerfährt: „Du wachst eines Tages auf und erkennst, dass dein Leben auf Nichts aufgebaut ist ... und das ist ein verrückter Tag ...“ Wenn du dich über die Erkenntnis freuen kannst, dass deine fixe Vorstellung nicht (mehr) richtig ist, weil du entdeckst, dass sie nur eine Abbildung auf einer Wand ist, dann verstehst du plötzlich, wie das Ganze funktioniert,

auch wenn du das traurige Gefühl dabei hast, etwas zu verlieren – jede Veränderung hat eben ihren Preis. Diese Erkenntnis vermittelt dir ein Gefühl ungeahnter Möglichkeiten und viel Raum, weil du nicht mehr durch eine Vorstellung festgelegt oder in einer bestimmten Schicht gefangen bist.

Unser wissenschaftlicher Ansatz, mit dem wir die Welt und die Wirklichkeit begreifen, ist eine ziemlich eindeutige Schicht und bietet kaum Raum für andere Schichten. Genau genommen ist diese wissenschaftliche Schicht die Schicht der Wahrheit und alle anderen Schichten sind unwahr, denn nach wissenschaftlichen Maßstäben können keine zwei Schichten, die wahr sind, nebeneinander bestehen. Es gibt nur Schwarz oder Weiß.

Wir betrachten die Wirklichkeit aus der Perspektive wissenschaftlichen Denkens, das Daten und Beobachtungen misst und interpretiert, Schlussfolgerungen zieht und unser Wissen verfeinert, ohne dass es Widersprüche duldet. Diese Betrachtungsweise bestimmt größtenteils das, was wir wahrnehmen, und da sie einseitig ist, bleibt wenig Raum für andere Wissensschichten, geschweige denn Weisheiten. Wir müssen uns mit dem Grundriss unseres Denkens auseinandersetzen, sowohl wortwörtlich als auch symbolisch. Dieses Denken, das unsere Wahrnehmung bestimmt, ist linear, es bewegt sich von A nach B, von B nach C und von C nach D. Es basiert auf dem Prinzip von Ursache und Wirkung und trägt somit zur linearen Wahrnehmung bei.

Beispielsweise hat man bereits berechnet, dass zwei Flügelschläge eines Schmetterlings in Australien einen Hurrikan der Stärke „Katrinas“ in Nordamerika auslösen können. Es ist eine hervorragende Leistung unseres

Gehirns, diese beiden Ereignisse in Zusammenhang zu bringen. Es scheint auch ein Körnchen Wahrheit darin zu stecken, was mein brillanter Kopf jedoch nicht nachvollziehen kann. Theoretisch mag es absolut korrekt sein, aber sollten wir deshalb Schmetterlinge daran hindern zu fliegen? Diese Art des kausalen Denkens kann zu sehr merkwürdigen Ergebnissen führen. In der folgenden wissenschaftlichen Studie ist ein überehrgeiziger Wissenschaftler wirklich zu weit gegangen, als er die Beziehung zwischen Muskelkraft, Anzahl der Schenkel und Sprungkraft bei Fröschen analysierte. Er nahm eine Gruppe von Tausend Fröschen und befahl ihnen, nacheinander zu springen. Daraufhin machte jeder Frosch einen Satz und die Distanz wurde minutiös festgehalten. Anschließend wiederholte er diese Methode, nachdem er den Fröschen sorgfältig und auf „tierfreundliche Art" einen Schenkel entfernt hatte. Er wiederholte seinen Befehl „Spring!" und hielt wieder genau fest, wie weit die Frösche mit drei Beinen gesprungen waren. Er setzte seinen Versuch fort und entfernte auch das zweite und dritte Bein eines jeden Frosches. Seine Studie entwickelte sich: Er konnte eine klare Aussage über die Beziehung zwischen Muskelkraft, Anzahl der Beine und Sprungkraft machen. Als der Wissenschaftler den Fröschen jedoch das vierte Gliedmaß entfernte, kam es zu einer unerwarteten und etwas unerfreulichen Wendung: Es gab keine Reaktion auf sein Kommando. Auch wenn es der Ehre und Gewissenhaftigkeit eines Wissenschaftlers widerspricht, veränderte er seinen Forschungsansatz leicht: Statt seinen Befehl „Spring!" normal auszusprechen, brüllte er ihn nun hinaus. Aber auch dann bewegten sich die Tiere keinen einzigen Millimeter. Zu seiner Enttäuschung konnte

der Wissenschaftler nur zu einem Schluss kommen: Ein schenkelloser Frosch ist ein tauber Frosch.
Wenn du jetzt schmunzeln musst, dann hat diese Geschichte deine Lachmuskeln aktiviert, ohne dass du etwas dazu beitragen musstest. Du hast dir erlaubt, dich von einer leichten Energiewelle des Humors und der Lebendigkeit davontragen zu lassen. Plötzlich wirst du mit einer anderen Sichtweise konfrontiert, du betrittst einen anderen Raum, und das entspannt Körper, Seele und Herz. Das ist die Pointe einer Erkenntnis oder eines Witzes. Die Perspektive ändert sich und du löst dich vom üblichen A-B-C-Denken. Etwas Neues kann entstehen, eine außergewöhnliche Wende in der Geschichte oder etwas, das du dir selbst nicht hättest ausdenken können. Wissenschaft umfasst jede Form der Erkenntnis außer Selbsterkenntnis. Ohne Selbsterkenntnis bleibt der Suchende jedoch im Dunkeln. Wenn die Wissenschaft nun aber die Wahrheit für sich allein beansprucht und wissenschaftliches Denken die einzige Methode ist, Selbsterkenntnis zu erlangen, wo stehen wir dann jetzt?
Tolle sagt dazu: „Deine Lebenssituation existiert in der Zeit. Dein Leben ist jetzt. Deine Lebenssituation ist eine Einbildung des Verstandes. Dein Leben ist wirklich.“ (*Jetzt!, J.Kamphausen*)

Es gibt eine klare Unterscheidung zwischen unserem Leben und unserer Lebenssituation. Eine klare Sicht auf diese Unterscheidung hilft uns bei unserer Suche nach dem, was uns inspiriert.
Tolle verwendet das Wort „Ego“, um zu bezeichnen, was wir meinen zu sein. Er sagt dazu: „Das Ego ist ein erfundenes Selbst.“ Ich bedauere, dass er es nicht bei dem

Begriff „erfundenes Selbst" belassen hat, sondern auch das Wort „Ego" mit ins Spiel bringt. Dadurch entsteht viel Verwirrung, da „Ego" von vielen Autoren und Lehrern in unterschiedlicher Bedeutung verwendet wird. In unserer Alltagssprache wird mit dem Wort „Ego" ebenfalls nur so um sich geworfen, weshalb es nicht helfen kann zu erklären, was Tolle meint, denn jeder interpretiert unabsichtlich etwas anderes hinein. Allgemein hat das „Ego" einen negativen Beigeschmack, egal, ob es groß oder klein ist. Meistens scheint es so zu sein, dass wir das Handicap beim anderen sehen und viel weniger bei uns selbst: „Du lieber Himmel, was für ein Ego!" Tolles „Ego", das „erfundene Selbst", hat keine negativen Konnotationen und ist auch kein Handicap. Ich werde von nun an immer vom „erfundenen Selbst" sprechen, um Begriffsverwirrungen und Fehlinterpretationen zu vermeiden. Es ist ein wesentliches und unerlässliches Instrument, das jeder Mensch entwickelt hat, um sich im täglichen Leben zu behaupten und wachsen zu können. Tolle macht die Notwendigkeit des „erfundenen Selbst" oder des „Kindermenschen", wie Hermann Hesse es in seinem Buch *Siddhartha* nennt, sehr deutlich:

„Es ist eine Struktur – und wird dies auch immer bleiben –, die jeder Mensch entwickeln muss, um mit seinem Leben während der Kindheit umzugehen. Die meisten Erwachsenen wachsen jedoch nie über dieses erfundene Selbst hinaus und bleiben für den Rest ihres Lebens ‚Kindermensch'. Wenn man schließlich erkennt, wie kindlich sich viele Erwachsene benehmen, weiß ich nicht, ob wir darüber weinen oder lachen sollen. Es wäre eine gute Idee, den Augenblick unseres Eintritts in das Erwachsenenalter mit einer Art Zeremonie zu feiern und so das erfundene Selbst zu verabschieden." (*Hermann Hesse, Siddharta – Suhrkamp)*

Wenn jemand von sich sagt: „Ich bin Bäcker, ich bin Vater, ich bin kein Perfektionist, ich bin Alkoholiker und ich bin glücklich", sagt das nichts über die Person als solche aus, sondern über das, was sie tut oder hat: „Ich backe Brot, ich habe Kinder, ich bin nicht perfekt, ich bin alkoholabhängig und ich bin glücklich." Das „erfundene Selbst" sieht das jedoch anders, es nimmt an, dass es all diese Dinge ist, mit allen damit verbundenen Konsequenzen. Wenn jemand beispielsweise eine kritische Bemerkung über unsere Schludrigkeit oder unseren exzessiven Alkoholkonsum macht, werden wir diese als eine Ablehnung unserer selbst und dessen, was wir sind, empfinden. Wir werden sie nicht nur als eine Aussage darüber, was wir tun oder haben, betrachten. Diese Bemerkung muss nicht einmal von anderen kommen, wir bewerten uns sogar selbst auf diese Art.

Das „erfundene Selbst" lebt durch permanente Einschätzungen und Werturteile. Das ist sein grundlegendes Prinzip. So bewertet und beurteilt das „erfundene Selbst" das Jetzt. Es erlebt das Jetzt als ein unangenehmes Hindernis, weil du im Grunde viel weiter sein wolltest, als du es jetzt bist. Oder du fängst an, gegen das Jetzt zu kämpfen, weil dein Leben nicht so ist, wie du es gerne hättest, oder du benutzt das Jetzt als Mittel zum Zweck, nach dem Motto: „Wenn ich jetzt hart arbeite und auf gewisse Dinge verzichte, werde ich später dafür belohnt werden."

Das „erfundene Selbst" ist in den Annahmen der eigenen Person zu dem, was sie ist, gefangen und betrachtet diese Vorstellungen als selbstverständlich. Du hast Angst davor, wer du werden könntest, wenn du all die Annahmen aufgäbest. Du bist überzeugt davon, dass du dann ein Niemand oder ein Nichts wärst, und fährst lieber fort, auf der Basis deiner Annahmen in deiner Lebenssituation zu verweilen. Wenn du dich dazu durchringen könntest, diese Annahmen über dich selbst fallen zu lassen, dann würdest du dich wirklich für das entscheiden, was du bist. Und wer oder was bist du? Die Antwort ist einfach: Energie. Energie ist das, was du wirklich bist. In dem Augenblick, in dem du dich aus dem Gefängnis der Annahmen befreist, setzt du eine große Kraft in dir selbst frei: die Energie des Seins, die Kraft der Gegenwart.

Wenn wir unsere Art des Beobachtens und des Denkens mit den gerade erworbenen Erkenntnissen über unser „erfundenes Selbst" verbinden, dann haben wir uns von den Ketten befreit und verstehen die verschiedenen Schichten unserer Realität besser. Anstatt die horizontale Ebene weiter zu erforschen, können wir eher in die Tiefe dringen. Tolle sagt dazu: „Zeit ist die horizontale Dimension des Lebens, die oberflächliche Schicht der Realität. Zusätzlich gibt es die vertikale Dimension der Tiefe; diese ist nur durch das Tor des Jetzt zugänglich." (*Assisi Retreat, Okt. 2013).* Die horizontale Dimension des Lebens ist deine Lebenssituation, die menschliche Seite, die Form, der Verstand und die Zeit. Die vertikale Dimension des Lebens ist das Leben, das Sein, die Formlosigkeit, das Herz und die Stille.

Eckhart Tolle entwickelt viel Begeisterung, wenn er in seinen Vorträgen die Beziehung zwischen Ego, Zeit, Vergangenheit, Gegenwart, Jetzt und Bewusstsein erklärt. Besonders in den letzten Jahren drückt er seine Leidenschaft gerne in Wort und Gestik aus. Denn diese Themen klar zu erkennen hilft dir, aus deinem Schlummer zu erwachen. Diese Erkenntnisse lassen alle Wächter an jedem Tor im horizontalen Flachland verstummen und ermöglichen es dir, in Klarheit durch das Tor des Jetzt zu treten.

Wir wollen das einmal visualisieren. Stell dir ein richtiges Tor des Jetzt vor, ein wunderschönes Tor wie der Arc de Triomphe in Paris. Stell dir dann eine Straße vor, die durch den Arc de Triomphe führt: Auf der einen Seite des Tors führt sie hinein, auf der anderen Seite wieder hinaus. Diese Straße symbolisiert das Konzept der Zeit. Der Teil, der zum Tor führt, repräsentiert die Vergangenheit, die sich auf das Jetzt zubewegt, der Teil der Straße, der aus dem Tor des Jetzt auf der anderen Seite hinausführt, steht für die Zeit, die vor uns liegt. Das ist die lineare Darstellung der Zeit, eine horizontale Linie, die du, so wie es dir gefällt, in Jahrhunderte, Jahre, Tage oder Sekunden einteilen kannst: Vergangenheit-Jetzt-Zukunft. Es ist egal, welches Zeitformat du wählst, ob Sekunden oder Jahrhunderte, es teilt die horizontale Linie in genau angeordnete gleiche Zeitabschnitte. Der Abschnitt vom 25. April 1960 ist genauso groß wie der vom 25. April 2013; es gibt keinen Unterschied, außer im Namen.

Wenn ich mein Erleben dieser beiden identisch wirkenden Abschnitte im Nachhinein betrachte, ist jedoch nichts mehr gleich. Unabhängig vom Inhalt dauerte der erste Abschnitt nach meinem Empfinden möglicherweise nur drei Stunden, während der zweite Abschnitt dreißig Stunden dauerte. Wenn ich auch den Inhalt hinzunehme, dann wird klar, dass beide Abschnitte vollkommen unterschiedlich sind: Der Abschnitt aus 1960 zeigt, wie ich schnell ins Krankenhaus gefahren wurde, weil ich keine Luft mehr bekam. Der Abschnitt aus 2013 zeigt, wie ich mit meiner Frau und den Kindern durch Berlin radele. Ich habe diese Abschnitte nur erfahren können, als sie im Jetzt waren, oder, um das vorherige Bild wieder aufzugreifen, in dem Augenblick, als sich der Arc de Triomphe über dem Abschnitt im Jetzt vom 25. April 1960 oder vom 25. April 2013 erhob. Du kannst nur mit dem, was im Jetzt geschieht, in Kontakt treten und es erleben. Du kannst also eine Trennlinie in 1960, 1961, 1962 ... ziehen oder eine, die Vergangenheit, Jetzt und Zukunft unterscheidet ... oder dir eine lineare Straße von A über B und C nach D vorstellen, aber für dein Erleben gibt es immer nur das Jetzt und das Jetzt und das Jetzt und das Jetzt – vielleicht mit ein paar Erinnerungen an die Vergangenheit und Erwartungen an die Zukunft, da dein „erfundenes Selbst" weiterhin versuchen wird, dich, solange du einen Körper hast, zurück in Platons Höhle zu zerren.

Dieses Bild der Zeitschiene mit der Straße und dem Arc de Triomphe kannst du zwischen deine Hände nehmen und dann deine linke Hand mit dem Bewusstsein, dass es keine Vergangenheit gibt, auf die eine Seite des Triumphbogens zu bewegen. Dann bewegst du deine rechte Hand mit dem Bewusstsein, dass es keine Zukunft gibt, sanft auf die andere Seite des Triumphbogens zu. Das Einzige, was zwischen deinen Händen übrig bleibt, ist der Triumphbogen des Jetzt, es ist genau der Raum, in dem sich dein Leben JETZT abspielt. Und wenn es keine Vergangenheit oder Zukunft gibt, dann kannst du im Jetzt auch nicht horizontal nach rechts oder nach links gehen. Dein Denken hat keinen Spielraum mehr, um über die Vergangenheit zu maulen oder in Erwartungen an die Zukunft zu schwelgen. Du kannst hören, wie dein „erfundenes Selbst" vor sich hin grummelt, da das Jetzt sein größter

Feind ist. Tolle beschreibt es so: „Die Essenz dessen, was ich hier beschreibe, kann mit dem Verstand nicht erfasst werden. In dem Moment, wo du es erfasst, schaltet dein Bewusstsein um: vom Verstand zum Sein, von der Zeit zu Gegenwart. Plötzlich fühlt sich alles lebendig an, alles strahlt Energie und Sein aus." (*Jetzt!, J.Kamphausen*).

Du fällst aus der Identifikation mit deinem „erfundenen Selbst" in die Tiefe des Seins. Das manifestiert sich in einer neuen Richtung, nach der du dich ausrichten kannst: Sie ist vertikal anstatt horizontal und vom linearen A, B, C, D gelangst du mitten in den Augenblick A1, A2, A3, A4 und A5. Im Kontakt mit dem Jetzt kannst du in die Tiefe des Jetzt eindringen. Solange du dich entlang der horizontalen Linie bewegst, lebst du in der Welt der Zeit, von einem Gedanken zum nächsten. Dort gibt es immer eine Motivation, einen Grund, warum du bestimmte Dinge tust – aus dem Bedürfnis heraus, mehr Sicherheit, Geld, Macht, Prestige, eine Existenzberechtigung zu haben, mehr Gehör zu finden und stärker wahrgenommen zu werden, immer in der Meinung, du bräuchtest mehr. Das ist ein Leben aus dem Kopf heraus, angetrieben vom „erfundenen Selbst". In der vertikalen Dimension gibt es keine konkrete, äußere Motivation sich zu bewegen: Du folgst vielmehr deinen inneren Impulsen, weil es dir Freude bereitet, weil Leben Energie ist und Energie Bewegung, du bewegst dich, weil du eins mit dem Lebensfluss bist. Du wirst bewegt, du bewegst dich aus dem Herzen heraus und das ist es, was dich inspiriert. In dem Moment, in dem du dich in die vertikale Dimension begibst, verlässt du sozusagen die Höhle und wirst neugeboren – offen für neue Erfahrungen.

Stell dir vor, du kommst in einen Park, nachdem du Platons Höhle verlassen hast, und stehst auf einer Wiese. Du hältst dir die Augen zu, weil sie nicht an das strahlend helle Sonnenlicht gewöhnt sind. Du spürst die Wärme auf deiner Haut und den Wind in deinem Haar. Ganz allmählich stellen sich deine Sinne auf diese neue Welt außerhalb der Höhle ein, unter dem Torbogen des Jetzt, und du lässt alle vertrauten Vorstellungen und Konzepte los. Da stehst du nun, deine Sinne alle erwacht und offen, du riechst, fühlst, hörst und siehst alles um dich herum, ohne irgendetwas benennen oder bewerten zu müssen. Es ist eine wundervolle Übung, dir zu gestatten, in Stille und Frieden tief in deine Sinneswahrnehmung einzutauchen und so mit der Lebendigkeit deiner Umgebung in Kontakt zu treten, mit den Blumen, Pflanzen, Bäumen, Vögeln, Steinen, dem Wind, der Sonne und dem Wasser. Es ist alles Schönheit, Energie, Ruhe und Stille – eine Übung Tolles, um die vertikale Dimension zu erfahren.

Seit seiner Kindheit ist Tolle vom Geruch der Bücher und dem Gefühl, das sie in ihm auslösen, begeistert. Wie sich ein Buch anfühlt, die Bindung, die Seiten, das Papier und der Geruch, der sich zwischen den Seiten verbirgt, faszinieren ihn sehr, ein Umstand, der an seinen Geburtstagen für große Heiterkeit sorgt, denn tatsächlich blättert er genussvoll mit der Nase durch die Seiten der Bücher, die er geschenkt bekommt, um ihren Geruch aufzunehmen. Marcel Proust, Autor des Romans *Auf der Suche nach der verlorenen Zeit*, wusste wie kein anderer, diese sinnlichen Beobachtungen in Worte zu fassen, und die Art, wie Tolle mit seinen Büchern umgeht, erinnert mich daran. Nicht nur seine Bücher spiegeln sein Wahrnehmungsvermögen wider, sondern auch seine Mimik und Gestik, wenn er die Natur beschreibt. All das bezeugt seine große Sensitivität. In diesem Sinne verfügen beide Autoren über die gleiche Sensitivität, aber zu unserem Glück schreibt Tolle seine Bücher nicht im Bett, wie es bei Proust der Fall war. Dennoch war Proust ein Meister der Sprache, der gekonnt die Welt der vertikalen Dimension des Lebens beschrieb. Seine intensive Wahrnehmung von Gerüchen, Geräuschen, Geschmäckern und Farben, verbunden mit seiner klaren, wunderschönen Beschreibung der Zeit, der Gewohnheiten und Erinnerungen, ermöglichen uns einen tieferen Einblick in uns selbst. Wenn man als Leser in der Lage ist, sich auf den Rhythmus seiner scheinbar endlosen Sätze einzulassen, kann gewiss auch er einen mit dem Tor des Jetzt in Kontakt bringen.

Dich mit deinen Sinnen und den Dingen in deiner Umgebung aufmerksam zu verbinden ist der Weg zum Jetzt, zu A1, A2, A3 und so weiter. Dein Leben erhält dadurch eine eigene Tiefe und es bewirkt eine direkte Verbindung zwischen deinem Leben und dem, was dich umgibt. Du bist dann eins mit dem Leben. In dieser Einheit erfährst du, wie es ist, zu sehen ohne hinzuschauen, hinzuhören ohne zu hören, zu wissen ohne zu analysieren. Wie ein Baby kannst du das Leben um dich herum, von dem auch du ein Teil bist, bestaunen. Du spürst eine Zufriedenheit in und mit dir. Das ist die tiefste Quelle deiner Inspiration, und indem du dir erlaubst, in deinem täglichen Leben mit dieser Quelle in Kontakt zu bleiben, während du die Dinge tust, die du tun willst oder tun musst, wird jede deiner Handlungen mit dieser Inspiration durchdrungen sein. Du bewegst dich, weil es dir Freude bereitet, du

bewegst dich, weil Leben Energie ist und Energie Bewegung, du bewegst dich, weil du eins bist mit dem Leben. Du folgst dem Strom der Bewegung von innen nach außen. Du lebst aus deinem Herzen heraus, aus deinen inneren Impulsen, und das ist der Ausdruck deiner Inspiration. Sie ist formlose Lebensenergie, die sich in Bewegung, Formen und Gestalten verwandelt.
Dieses Tor des Jetzt ist das einzige Tor, durch das du gehen kannst. Wann immer du durch dieses Tor hindurchtrittst, überlässt du dich der vertikalen Dimension. Hier sagst du „Ja" zum Leben anstatt „Nein" oder das übliche „Ich überlege es mir". Du identifizierst dich nicht mehr mit der Form und lässt dich mühelos ins Formlose fallen. Hier gibst du dich dem Geschehen hin, so wie es geschieht. Du nimmst dieses Jetzt, wie es ist, und in dem Augenblick löst sich das „erfundene Selbst" auf.
„Nicht mein Wille, sondern dein Wille geschehe" könnte der Begleittext für den Schritt durch das Tor sein. Oder, wie Tolle es in einem *Present Moment Reminder* formuliert: „Das Leben gibt dir genau die Erfahrungen, die für die Evolution deines Bewusstseins entscheidend sind. Woher weißt du, dass dies die Erfahrung ist, die du brauchst? Weil es die Erfahrung ist, die du jetzt gerade im Moment machst."

Um diesen Punkt zu veranschaulichen, zitiert Eckhart Tolle häufig eine Person, die für ihn eine Quelle der Inspiration ist: Krishnamurti. Dieser war auch ein spiritueller Lehrer, der sein Leben lang Vorträge hielt, bis kurz vor seinem Tod. In dem Augenblick, in dem er spürte, dass seine Zeit gekommen war, fragte er sein Publikum: „Wollt ihr mein Geheimnis erfahren?" Natürlich wollte es jeder wissen, einige waren ihm schließlich Jahrzehnte lang gefolgt, in der Hoffnung, eines Tages zu verstehen, worüber er sprach. Alle sprangen auf und hingen an seinen Lippen, um bloß nichts zu verpassen. Ruhig schaute er sich im Saal um, mit seinen eingesunkenen Augen in seinem schmalen Gesicht, und sprach: „Ich kämpfe nicht gegen das, was ist." Nicht mehr und nicht weniger, ein kleiner Mann mit großer Wirkung.

4
TANZ IM WIND

„Ist Tolle der Gründer einer neuen Religion?" Gelegentlich stellt man mir diese misstrauische Frage. Auch wenn die Zeit reif erscheint und Menschen mit einer Richtung, einer Botschaft oder Vision ein großes Bedürfnis danach verspüren, gehört das Gründen von Religionen definitiv der Vergangenheit an. Im Mittelalter konnte das Christentum so viele Arbeitskräfte, so viel Kreativität und Energie mobilisieren, dass die Menschen bereit waren, über Jahrzehnte hinweg an einer Kathedrale zu bauen. Heutzutage muss das Kreative oft dem Produktiven weichen, und das größte Produkt, zu dessen Wachstum wir alle, oftmals unwissentlich, beitragen, ist das Bruttosozialprodukt. Eckhart Tolles Lehren rufen sicherlich Inspiration und Leidenschaft hervor. In diesem Sinne verkündet er eine tiefgründige Botschaft. Diese tiefgründige Botschaft bringt er in seinem zweiten Buch *Eine neue Erde* zum Ausdruck. Er zeichnet das Bild einer neuen Menschheit: Menschen, die nicht mehr von ihrer Vergangenheit, von ihren Konditionierungen gefangen sind, sondern nach dem Sinn des Lebens suchen: dem Erblühen des Bewusstseins. Eine große Organisation, die große Masse oder das Kollektiv sind hier nicht mehr angebracht. Es geht um den individuellen Prozess, in dem uns Tolle gerne als spiritueller Lehrer dienen möchte. Wenn du dich von seinen Lehren angesprochen fühlst und aus ihnen lernen kannst, dann bist du ein Schüler, der jedoch nicht einer bestimmten Schule, Klasse oder Gruppe angehört. Man könnte von einer individuellen Religion sprechen oder von einer Religion von Individuen, die nicht so sehr an die Heilige Schrift glauben, aber eine eigene kreieren könnten. Tolles Ziel ist es, Menschen anzusprechen, sie dazu zu inspirieren, das zu werden,

was sie sind, ganz und gar ihr Leben zu leben, und zwar nicht innerhalb der festgelegten Rahmenbedingungen einer Religion oder einer Schule, sondern durch eigene Erfahrungen in allen Farben ihres persönlichen, einzigartigen Regenbogens. Tolle möchte auf keinen Fall als Guru gelten und weigert sich, auf ein Podest gehoben zu werden. Er möchte die Menschen dazu einladen, aus seinen Lehren das mitzunehmen, was sie für ihr tägliches Leben brauchen – mehr nicht. Also bitte keine Copy-and-Paste-Version! Ein Schüler, der nur eine Kopie seines Lehrers ist, ist wie eine Kopie aus einem Kopiergerät ohne Toner: unsichtbar. Es sieht so aus, als ob er erleuchtet sei, aber im Grunde ist er lediglich in einen Tiefschlaf gefallen. Ein Schüler, der schließlich auf die Schultern seines Lehrers „klettert", folgt sich selbst, getragen von seinem Lehrer, und wird erblühen. Einen größeren Tribut kann man seinem Lehrer nicht zollen. Der Schüler braucht etwas Mut, Beweglichkeit und Körperbeherrschung, um durch diesen Wachstumsprozess zu gehen. Es erinnert mich an einen Ausspruch von Nietzsche: „Wenn ich jemals wieder an einen Gott glaube, dann muss er ein tanzender Gott sein." Wir selbst sind dieser tanzende Gott: inspirierte Künstler, die die Kunst des Lebens trainieren.
Wenn sich jemand als spiritueller Lehrer bezeichnet, dann impliziert das, dass er auch Schüler hat. Tolle wäre der letzte, der von eigenen Schülern spräche. Zugegeben, er hat es zugelassen, dass sein Team eine Community „Eckhart Tolle Teachings" bildet und Online-Kurse anbietet. Das ist aber auch alles. Er wird regelmäßig danach gefragt, ob er eine Schule gründen wolle, worauf er zwar nicht mit „nein" antwortet, aber bislang hat er auch noch nicht „ja" gesagt. Denn wie kann man, ohne Rahmen-

bedingungen zu schaffen, eine Schule ins Leben rufen? Tolle erinnerte in diesem Zusammenhang an den Heiligen Franziskus, der ein sehr inspirierendes Leben führte bis zu dem Augenblick, in dem er eine Gemeinschaft etablierte: „Damit fing der Ärger für ihn an und die Freude war vorbei." (*Assisi Retreat, Okt. 2013*)
Gleichzeitig enthält Tolles Lehre viele Hinweise auf praktische Anwendungsmöglichkeiten. Sie reichen von sehr einfachen und grundlegenden Anleitungen, wie z.B. „Mache jeden Tag einen bewussten Atemzug", bis hin zu seinem Praxisbuch *Leben im Jetzt.* Die grundlegendste Erkenntnis, auf die er aus unterschiedlicher Perspektive immer wieder hinweist, hängt mit dem bereits erwähnten Tor zusammen:
„Nur wenn du vollkommen präsent im Jetzt bist, kannst du dich auf deinen Körper einlassen und damit direkten Kontakt mit deinem inneren Körper aufnehmen", ... „du kannst nicht im Jetzt sein, wenn es dort etwas gibt, gegen das du Widerstand leistest"... und „du kannst den inneren Körper nicht erfahren, wenn du gleichzeitig dabei denkst". (*Leben im Jetzt, Arkana*)

Widerstand zu leisten gegen das, was das Jetzt ist, Widerstand gegen die „Istheit" des gegenwärtigen Moments ist eine endlose und zeitraubende Beschäftigung. Leider tun die meisten Menschen genau das – rund um die Uhr, sieben Tage die Woche. Wir sind unzufrieden mit unserer Arbeit, unserem Partner, unseren Nachbarn, unseren Kindern und uns selbst. Wir verdienen nicht genug, unser Haus ist zu klein, unser Auto zu alt und unsere Figur ist auch nicht das, was sie sein könnte. Wir klagen endlos, unser Leben sollte anders sein, als es ist. Wir haben eine

ziemlich genaue Vorstellung, wie unser Leben sein sollte – es ist zwar nicht so, aber es sollte so sein!
Es gibt eine sehr witzige Aufnahme auf Eckhart Tolle TV. Sie zeigt ihn, wie er ganz ruhig in seinem Stuhl sitzt, etwas zusammengesackt, mit rundem Rücken, Schultern und Kopf nach vorne geschoben, und schriftliche Fragen beantwortet. Sehr gemächlich blättert er durch den Stapel Fragen, zieht dann ein Blatt heraus und liest die Frage erst einmal leise für sich selbst. „Ach ja, interessant", hört man ihn sagen. Dann liest er die Frage in perfektem Timing laut vor: „Es gibt einen Spruch, der besagt, dass die Haltung des Körpers den Zustand des Bewusstseins der entsprechenden Person widerspiegelt ... wie ist es also möglich, dass Sie ...?" Das Publikum unterbricht ihn mit tosendem Gelächter. Mit funkelnden Augen schaut er in die Menge und spielt mit, indem er seinen Rücken mit vorgetäuschter Mühe etwas aufrichtet, seine Schultern zurückzieht und sein Brustbein nach vorne schiebt. Auf einfache und humorvolle Art macht er deutlich, dass unsere Annahmen, die wir auch auf dem Gebiet der Spiritualität haben, lediglich Vorstellungen und diese Vorstellungen falsch sind. Die Annahme, dass ein erleuchteter Geist in einem perfekten Körper wohnen muss, ist auf die Art und Weise zurückzuführen, wie Jesus traditionell beschrieben wird: als wunderschöner, schlanker Mann mit Bart.
Tolles Lieblingsmethode besteht darin, mit Humor und einer subtilen Selbstironie einen plötzlichen Perspektivwechsel einzuleiten und damit den Horizont zu erweitern. Darin liegt die Kraft des Humors: Sie kann die festgelegte Sichtweise einer Situation unerwartet aufbrechen, eine neue, ungewohnte Sicht der Dinge eröffnen und so

einen Raum entstehen lassen, in dem sich Körper, Seele und Geist entspannen können. Entspannung und eine neue Betrachtungsweise bieten dem Publikum Raum, um seine Erwartungen (Zukunft) und/oder Gewohnheiten (Vergangenheit) loszulassen. Jeder landet dadurch automatisch in der Gegenwart.
Mit Hilfe dieser anfänglich humorvollen Herangehensweise verdeutlicht Tolle, dass wir zwischen einem physischen und einem inneren Körper unterscheiden können. Der physische Körper ist der, den wir im Spiegel sehen und den wir anfassen können. Es sind unsere Knochen, Muskeln, unsere Haut und unsere Haare, unsere Nägel und so weiter, eben unser physisches Zuhause. Tolles äußere Erscheinung stimmt überhaupt nicht mit dem archetypischen Bild von Jesus, einem hochgewachsenen, schlanken Mann mit dunklem Bart und üppiger Haarpracht, überein. Tolle trägt auch kein langes weißes Gewand. Eigentlich scheint er viel lieber ein Hemd mit einer Strickjacke oder einem Pullunder darüber zu tragen, von denen er eine Menge in sehr vielen unterschiedlichen, jedoch immer gedeckten Farbtönen besitzt. Der innere Körper ist dein energetischer Körper. Er gibt deinem physischen Körper seine Energie und ermöglicht es ihm, Millionen von Funktionen in deinem Körper gleichzeitig auszuführen und zu koordinieren. Der innere Körper ist etwas Faszinierendes, da er überall in dir präsent ist. Das energetische Herz des inneren Körpers schlägt in jeder Zelle und gleichzeitig lässt es sich nicht genau lokalisieren. Der innere Körper ist nicht greifbar. Dein physischer Körper altert und stirbt, dein innerer Körper ist zeitlos. Du wirst mit ihm geboren, stirbst jedoch ohne ihn, denn er verlässt deinen physischen Körper, ohne

von Alter oder Zerfall berührt zu werden. Der innere Körper ist das Leben in dir, er inspiriert deinen Körper und dein Sein. Die hundertprozentige Lebenskraft, mit der du geboren wirst, bleibt dein ganzes Leben lang in deinem physischen Körper vorhanden und bildet das energetische Kraftwerk für deine physische, mentale und spirituelle Entwicklung. Sie hat eine fließende Eigenschaft und ist andauernd in Bewegung. Durch diese unablässige Bewegung ermöglicht sie dir, dich in allerlei Bereichen zu entwickeln und diese Entwicklungen ziehen Veränderungen nach sich. Die Bewegungen, Entwicklungen und Veränderungen, die dein innerer Körper veranlasst, stehen immer im Dienste des Lebens.

Es ist absolut lebensnotwendig, in guter Verbindung mit deinem inneren Körper zu stehen. Beginne damit, dich auf deinen Atem zu konzentrieren, versuche, dich mühelos mit deinem Ein- und Ausatmen zu verbinden, das beruhigt die geistige Aktivität. Jedes Mal, wenn du den Fokus verlierst – was anfangs alle zwei Sekunden passieren kann – lenke deine Aufmerksamkeit einfach wieder sanft auf deine Atmung zurück. Verlagere deine Aufmerksamkeit jetzt auf deine Hände. Spürst du die Energie in ihnen? Vielleicht kribbelt es wie kleine Nadelstiche oder die Hände werden warm. Diese Energie ist das sogenannte „Fließen" deines inneren Körpers und du kannst jederzeit durch die Verbindung von Aufmerksamkeit, Wahrnehmung, Atmung und Händen einen Zugang dazu finden. Durch den Kontakt mit der Energie in deinen Händen kannst du diesen Energiefluss auch in anderen Bereichen deines Körpers weiter erkunden. Du wirst bemerken, dass du einige Bereiche besser spüren kannst als andere. Das ist jedoch kein Grund zur Sorge.

Der Grad der Wahrnehmung deines inneren Körpers kann trainiert werden, indem du deine Aufmerksamkeit darauf richtest. Durch regelmäßiges Üben wirst du dir des „Fließens" deines inneren Körpers bewusst. Dir wird auffallen, dass sich dieses „Fließen" von Augenblick zu Augenblick verändert: Mal ist es stärker, dann schwächer, mal lebendiger, dann ruhiger, mal vibrierend, mal dynamisch, aber niemals gleich.
Indem du deine Aufmerksamkeit auf deine Atmung und deinen inneren Körper richtest, bist du präsent im Jetzt. Wenn du dich mit der Energie deines inneren Körpers und gleichzeitig mit deinen Füßen, wie sie auf dem Boden stehen, verbinden kannst, dann bist du vollkommen präsent im gegenwärtigen Moment. Diese Fähigkeit, deinen inneren Körper mit dem Boden unter deinen Füßen zu verbinden, ist eine wunderbare Eigenschaft. Wo auch immer du auf dieser Welt gerade bist, was auch immer du gerade tust, das Zusammenspiel von Aufmerksamkeit, Atmung, innerem Körper und Boden ermöglicht dir die Verbindung mit deinem Sein im gegenwärtigen Moment. Du trägst die Möglichkeit dieses Zusammenspiels von Aufmerksamkeit, Atmung, innerem Körper und Boden immer mit dir, weil es genau das ist, was du jenseits deines Namens, deiner Identifikation und deiner Form bist. Wenn du also irgendwo warten musst, kannst du diesen Augenblick wunderbar dazu nutzen, um kurz aus der Alltagshektik herauszutreten und deine Aufmerksamkeit auf deine Atmung, deinen inneren Körper und den Boden unter deinen Füßen zu richten und dich mit ihnen zu verbinden. Eine rote Ampel, das Warten auf den Zug, eine Schlange im Geschäft, eine Telefonschleife, ein Videodownload – es gibt unzählige Momente, in denen

du auf etwas warten musst. Anstatt genervt zu reagieren, kannst du solche Augenblicke dazu nutzen, dich mit deiner Lebenslinie, deinem innersten Sein zu verbinden. Stell dir vor, dass du vor einer gelben Ampel nicht auf das Gaspedal drückst, sondern abbremst, um einen Moment der Ruhe zu genießen und dem Pulsschlag deines Lebens nachzuspüren. Im Gegensatz zu dem „langen Warten" vor dem Tor des Jetzt, das dich davon abhält, dort hindurchzugehen – wodurch du dein ganzes Leben mit Warten verbringst und damit dein Leben verpasst – ist das „kurze Warten" an der Ampel die Gelegenheit, dich mit dem Jetzt und dem Leben zu verbinden. Es ist also keineswegs kompliziert und auch keine Zauberkunst, es geht einfach nur darum, zu deinem Atem zurückzufinden, Kontakt zum inneren Körper aufzunehmen, die Verbindung zum Boden zu spüren und für ein paar Sekunden ruhig zu werden. Versuche, möglichst die ganze Zeit über in Kontakt mit deinem inneren Körper zu bleiben, schenke ihm etwas Aufmerksamkeit und du wirst überrascht sein, wie sich das auf dein Leben auswirkt.

Wenn du die Verbindung mit deinem inneren Körper herstellst, trittst du unmittelbar in Kontakt mit dem Jetzt. Wie wir im vorherigen Kapitel bereits gesehen haben, haben wir auch ein „erfundenes Selbst" in uns, welches sich diesem Kontakt mit dem Jetzt vehement widersetzt. Dafür hat Tolle den Begriff des Schmerzkörpers kreiert. Der Schmerzkörper meldet sich immer dann, wenn etwas im gegenwärtigen Moment geschieht, das ihm nicht gefällt und das er nicht als das, was es ist, akzeptieren kann. Ganz im Gegensatz zum lebendigen und dynamischen inneren Körper manifestiert er sich in Widerstand, Kampf und Verleugnung. Dieser Schmerzkörper beeinflusst auch deine physische, mentale und spirituelle Entwicklung. Darüber habe ich ausführlich in meinem Buch *Het Kompas* geschrieben. Der Schmerzkörper macht sich durch erhöhte Spannungen im Körper, beispielsweise in den Muskeln, bemerkbar. Du kannst diese Verspannungen in deinem Körper spüren, z.B. im Gesicht (in Falten gelegte Stirn oder verkrampfte Kiefermuskulatur), in den Schultern (hochgezogene Schultern oder herausgedrücktes Brustbein), im Zwerchfell (flache oder oberflächliche Atmung), im Becken (schmerzhafter, steifer unterer Rücken) oder in den Knien (ständig durchgedrückt). Wenn dein Schmerzkörper aktiv ist, fühlst du dich oftmals deprimiert oder negativ und lamentierst beim kleinsten Anlass, weil du das Gefühl hast, die ganze Welt stünde gegen dich. Tolle erklärt dazu: „Der Schmerzkörper ist ein unsichtbares, negatives, eigenständiges Wesen, und das Letzte, was der Schmerzkörper will, ist das Jetzt so anzunehmen, wie es ist.“ (*Jetzt!, J.Kamphausen*)

Um dich daran zu hindern, das Jetzt so zu akzeptieren, wie es ist, schaltet sich natürlich immer sofort dein geistreicher Verstand ein und wirft dir etliche Fragen an den Kopf: „Warum ist mein Leben so armselig?“, „Warum ausgerechnet ich?“, „Warum entwickeln sich die Dinge nicht so, wie ich es mir vorstelle?“ Bevor du es merkst, verstrickst du dich so in zahlreiche Rechtfertigungen, die sich immer auf irgendeinen Schmerz in der Vergangenheit oder auf Erwartungen in der Zukunft beziehen. Auf diese Weise hat das „erfundene Selbst“, zusammen mit dem Schmerzkörper als sein Instrument, genau das erreicht, was es beabsichtigt: Du bist nicht im gegenwärtigen Moment. Du bist auch nicht in Kontakt mit deinem inneren Körper, sondern vollständig im Schmerzkörper gefangen, der dich permanent an das „Dort und Dann“ oder das „Dort und Bald“ denken lässt, aber nicht an das „Hier und Jetzt“, in dem du gegenwärtig sein kannst. Tolle sagt: „Den Grad deiner spirituellen Entwicklung kannst du quasi daran messen, wie viele Gedanken du denkst. Je mehr Gedanken du hast, desto weniger anwesend bist du im gegenwärtigen Moment.“ (*Assisi Retreat, Oktober 2013*)

Der Schmerzkörper kettet dich an deine Höhle und stellt sicher, dass du dich von Schmerz, Unwohlsein, Angst oder Trauer entfernst und abgetrennt in deiner eigenen kleinen Welt lebst, die auch eine Welt von „mein Wille geschehe“ oder „ich habe ein Recht auf ein zufriedenes Leben“ ist. Auf diese Weise wirst du nie in den Genuss der Hingabe an das Leben und des Erblühens deines Bewusstseins kommen.

Den Ursprung und die Funktionsweise des Schmerzkörpers gründlich zu kennen ist sehr hilfreich für unsere spirituelle Entwicklung und die Voraussetzung dafür, dass unser Bewusstsein erwachen kann. In meinen Trainings habe ich festgestellt, dass es vielen Leuten sehr nützt, um die Existenz des Schmerzkörpers zu wissen. Eine Vorstellung davon zu haben, wie der Schmerzkörper dein Leben beeinflusst und welche Rolle er in vielen Lebenssituationen spielt, ist sehr hilfreich. Es ist erstaunlich, dass es immer ein paar Menschen in meinen Vorträgen gibt, die nach meiner visuellen Erläuterung behaupten, sie würden den Schmerzkörper zwar nicht in sich selbst, wohl aber in ihrem Partner erkennen. Das ist natürlich ein guter Anfang. Den Schmerzkörper allgemein zu erkennen ist trotzdem nicht dasselbe, wie den eigenen Schmerzkörper zu erkennen, anzunehmen und aufzulösen.

Eckhart Tolle betont wiederholt, wie wichtig es ist, den Schmerzkörper zu erkennen, anzunehmen und aufzulösen – ein notwendiger Schritt, damit sich das Bewusstsein entwickeln kann. Auf dem Friedensgipfel 2009 in Vancouver waren Tolle und der Dalai Lama zusammen in einem Forum mit Teilnehmern aus Wissenschaft, Kunst, Wirtschaft und Spiritualität. Unter der inspirierenden Leitung von Sir Ken Robinson sprachen sie unter anderem darüber, was sie für notwendig halten, damit die Welt sich verändern kann. Ein Redner nach dem anderen äußerte großartige und begeisternde Worte, die sich auf das Publikum niederlegten und eine wohltuende und gelassene Stimmung hervorriefen. Ein oberflächliches Zusammengehörigkeitsgefühl, oft typisch für diese Art von Veranstaltungen, entstand und beschwor das Gefühl herauf, dass Wandel nur eine Frage der Zeit sei. Es war die Art Optimismus, die die Menschen ergriff, als Obama mit seinem verlockenden Wahlkampfthema des „Wandels" und seinem Slogan „Yes, we can!" zum Präsidenten der Vereinigten Staaten gewählt wurde. Jeder sehnte sich nach einem „Wandel" und plötzlich war da dieser Mann, von dem viele hofften, er könne ihn einleiten. Die Erwartungen und der Glaube an einen möglichen Wandel wurden von den Tausenden von Menschen, die „Yes, we can!" brüllten, noch angefacht. Aber Veränderung ist in allererster Linie ein individueller Prozess, er beginnt bei dir und nur du selbst kannst der Wandel sein. Das gilt für Obama, das gilt für Eckhart Tolle, das gilt für dich und für mich. Als Erstes lasse den Wandel in dir selbst zu, verkünde dann „Ja, ich bin der Wandel", woraus sich „Ja, wir sind der Wandel" ergeben kann – indem du das Herumlungern am Tor des Jetzt, das Fast-Hindurchgehen überwindest; indem du spürst, dass du nicht der Erste sein möchtest, der etwas verändert - weil du Sicherheit und Garantien brauchst -, und dass du lieber folgen als anführen willst; indem du all dies fühlst ... und dennoch durch das Tor hindurchtrittst. Es gibt nichts im Außen, das dir beim Überschreiten der Schwelle helfen könnte, der Impuls zum ersten Schritt kann nur aus deinem Inneren kommen.

Als Tolle auf dem Friedensgipfel das Wort erhielt, um seine Vision vorzustellen, herrschte einen Augenblick lang Stille, in dem er sich auf seine Rede einstimmte. Diese Stille führte bereits dazu, die Leichtgläubigkeit ein wenig zu brechen, und weckte die Anwesenden sanft, damit sie aufmerksam zuhören würden. Er erklärte dann in aller Ruhe, inwiefern wir Menschen einen Schmerzkörper haben und wie der kollektive Schmerzkörper uns aufgrund religiöser und ideologischer Unterschiede dazu anstachele, Krieg zu führen. Allein im zwanzigsten Jahrhundert habe dies zu Millionen von Toten geführt. Veränderung werde nur möglich sein, wenn wir lernen, den Wahnsinn, der durch den Schmerzkörper hervorgerufen wird, zu begreifen und schließlich im wahrsten Sinne des Wortes aufzulösen. Dies werde nur möglich sein, wenn sich jeder Mensch dieses Wissen um den Schmerzkörper und die Kraft, ihn aufzulösen, selbst aneigne. Während die Redner, die vor Tolle zu Wort kamen, eine rosige Zukunft schilderten, zeigte er sehr deutlich, wo wir uns im Bezug auf unsere Welt gerade befinden, nämlich im gegenwärtigen Moment, mit einem sehr aktiven kollektiven Schmerzkörper. Die anderen Redner waren bereits mit dem „Dort und Bald“ beschäftigt. Es gibt jedoch keine Zukunft, es gibt nur den gegenwärtigen Moment.

Man braucht nicht hellsichtig oder erleuchtet zu sein, um die Verzweiflung der Menschen, der Welt und der Erde zu erkennen; es ist ein schmerzhaftes und unangenehmes Bild. Für viele Menschen ist es zu schmerzvoll, um wahr zu sein. Indem wir uns von unserem eigenen Schmerz abwenden, wenden wir uns auch kollektiv von den Schmerzpunkten ab, die uns der Anblick der Welt bietet. Solange wir das individuell und kollektiv machen, wird es keine Veränderung geben. Wir müssen den Schritt machen und uns unseren Schmerz und unseren Schmerzkörper anschauen, damit sich beide auflösen können.

Das Publikum und die Teilnehmer auf der Bühne hatten Tolle aufmerksam zugehört und zustimmend genickt. Und dabei ging es nicht darum, ob seine Botschaft gut oder schlecht, angenehm oder unangenehm, überwältigend oder unbedeutend war. Jeder erkannte, dass der erste Schritt darin liegen musste, sich mit dem Schmerzkörper auseinanderzusetzen, ihn zu verstehen. Schon allein das war ein wesentlicher Schritt aus der Leichtgläubigkeit heraus, von der Zukunft zum gegenwärtigen Moment, von der Vermeidung des Schmerzes hin zur Auseinandersetzung mit ihm. Dabei liegt der Schlüssel nicht im Kollektiv, sondern im Individuum.

Eckhart Tolle betont diese Botschaft wieder und wieder, unabhängig davon, ob es auf einer groß angelegten Veranstaltung wie auf einem Friedensgipfel mit namhaften Vertretern und den Medien oder in der sehr persönlichen Atmosphäre eines Retreats ist. Die Art, wie er seine Vision in die Welt bringt, ist immer ruhig, respektvoll und klar. Seine Botschaft und die Art, wie er sie kommuniziert, stimmen auf eine bewundernswerte Weise überein und machen ihn zum lebenden Beweis für seine Botschaft. Ob er seine Vorträge hält oder Aufnahmen für Eckhart Tolle TV macht, aus ihm fließt immer ein ruhiger, respektvoller und klarer Strom von Worten und Energie.

Er selbst empfindet das alles als etwas sehr Einfaches. 2010 hielt er einen Vortrag vor 1400 Menschen in den Niederlanden. Wie immer warten auf der großen Bühne ein einfacher Stuhl auf einem schlichten Teppich, ein kleiner Tisch, auf dem ein Wecker und eine Vase mit nicht duftenden Blumen stehen, ein Glas Wasser und Zimbeln auf ihn. Er wird mit einem Taxi vom Hotel abgeholt. Der Fahrer öffnet ihm die Tür, Tolle steigt ein. Das Taxi fährt ihn vor das De Doelen Kongresszentrum in Rotterdam. Er steigt aus, geht zum Green Room und nimmt dort Platz. Er trinkt etwas Wasser, isst eine Banane. Dann geht er vom Green Room zur Bühne. Dort setzt er sich langsam auf seinen Stuhl und sucht nach einer bequemen Sitzposition. Er sagt nichts, lächelt freundlich und nickt dem Publikum zu. Es ist ein permanenter Fluss scheinbar unverbundener Augenblicke, alle mit einem anderen Inhalt, aber für Tolle ist es ein kontinuierliches Präsentsein im ungeteilten Jetzt, der eine Moment ist nicht schöner, besser, größer, schlimmer oder angenehmer als der andere. Tolle ist unentwegt im Jetzt präsent, und in diesem Jetzt tut er das, was das Jetzt von ihm verlangt. Er folgt dem inneren Lebensstrom. Gerade weil er auf intensive Weise mit ihm verbunden ist, geschieht alles vollkommen mühelos. Was immer er tut oder wo immer er auch ist, Tolle macht sich keine Gedanken um die Zukunft, im Sinne von: „Du meine Güte, was sage ich nur gleich diesen Menschen hier in Rotterdam, vielleicht fällt mir gar nichts ein … Hilfe!“ Er ist dauerhaft mit dem Hier, dem Jetzt, mit der Aufmerksamkeit, dem Atem, dem inneren Körper und dem Boden verbunden, damit er im Einklang mit dem inneren Körper und der Quelle die Worte finden kann, die er spricht. Mehr als einmal wird Stille herrschen, während er auf der Bühne sitzt. Dazu sagt er: „Eigentlich habe ich nichts zu sagen", weil es nur um das Jetzt geht. Wieder ist es still. Gelegentlich greift er nach seiner Mappe mit den gesammelten Fragen und beginnt dann, eine davon vorzulesen.

Bei allen Aufnahmen von Eckhart Tolle auf YouTube und auf Eckhart Tolle TV gibt es nur einen „Take One". Mehrere Einstellungen, wie Take 2, Take 3 oder Take 34, in denen nochmals bzw. besser aufgenommen wird, gibt es nicht. Es gibt nur diesen einen Take, das ist der Strom, das ist, was Jetzt ist, und nur das zählt. Bei Live-Aufnahmen ist es außergewöhnlich, jede Situation so zu lassen, wie sie ist, und einfach mit dem Fluss zu gehen. Aber letztendlich ist genau das die Botschaft: „Kämpfe nicht gegen das, was ist."

Auf einem der Retreats war eine Frau anwesend, die die Fragestunde schon mehrere Tage lang sehnlichst erwartet hatte. Vor Beginn jeder Sitzung stand sie sehr zeitig am Eingang des Saals, um sich einen guten Sitzplatz in der ersten Reihe zu ergattern. Als die Sitzung für Fragen und Antworten begann und Tolle alle Anwesenden fragte: „Gibt es irgendwelche Fragen?", sprang sie sofort von ihrem Stuhl auf. Tolle gab ihr das Wort und sie fragte, ob er sie berühren würde. Das ist eine dieser Fragen, bei denen sich die Teilnehmer belustigt anschauen, als ob sie sagen wollten: „Habe ich das richtig verstanden?" Eine seltsame Spannung entstand im Saal, zum einen aufgrund der leichten Bestürzung bezüglich der Frage, zum anderen aufgrund der großen Neugier, wie Tolle wohl reagieren würde. Unbewegt schaute Tolle die Frau an und nickte dabei freundlich. Sein freundliches Nicken wird oft fälschlicherweise als Zustimmung zu einer Frage interpretiert, während es lediglich eine Bestätigung ist, die besagt: „Ich habe deine Frage gehört und verstanden." Er schwieg weiter, während er die Frau unentwegt ansah, die ganze Zeit freundlich nickend. Nach etwa einer Minute lehnte sie sich in ihrem Stuhl zurück, entspannt und ruhig. Auch die Spannung im Saal hatte sich aufgelöst. Tolle hatte die Frau keine Sekunde aus den Augen gelassen, war in seinem Schweigen geblieben und hatte sie so berührt, genauso wie alle anderen. Tatsächlich war das eine klare, respektvolle und ausgesprochen friedfertige Antwort. „Die nächste Frage bitte", fuhr Tolle fort, freundlich wie immer.

Angenommen, dass die Frau die Vorstellung und den Wunsch hatte, dass sich ihr ganzes Leben durch Tolles Berührung verändern würde, dann ist dieses Ereignis ein gutes Beispiel dafür, wie uns die Dynamik des Schmerzkörpers im täglichen Leben im Griff hat. Ich bin unglücklich (im gegenwärtigen Moment) und es gibt etwas außerhalb von mir, von dem ich glaube, dass es mich glücklicher und zufriedener machen wird, wenn es mich berührt („dort und bald"). Dieses Etwas außerhalb von mir kann alle möglichen Formen annehmen: eine Berührung von Tolle, ein Haus, eine Arbeitsstelle, ein Partner, ein exotisches Land, eine Religion, ein anziehender Mann oder eine erotische Frau oder Geld.

Es ist ausgesprochen wichtig zu wissen, wie du mit deinem Schmerzkörper umgehen kannst, weil er dich daran hindert, mit dem gegenwärtigen Moment und deinem inneren Körper in Verbindung zu treten. Das ist nicht nur für das Erblühen deines Bewusstseins von Bedeutung, sondern auch für deinen gegenwärtigen Gesundheitszustand. Ein entscheidender Schritt liegt darin, anzuerkennen, dass du einen Schmerzkörper *hast*, wie jeder andere auch, aber gleichzeitig zu wissen, dass du dieser nicht *bist*. In dem Moment, in dem dir bewusst wird, wie du wieder auf deinen Schmerzkörper triffst und dich mit ihm identifizieren willst, bist du in der Lage anzuerkennen, dass dein Schmerzkörper aktiv ist. Dadurch hast du eine Wahlmöglichkeit: Du musst dich nicht mit deinem Schmerzkörper identifizieren und mit ihm verschmelzen, du brauchst all die durch ihn hervorgerufenen Verhaltensweisen nicht auszuagieren. Dieses Wissen, die Anerkennung, deinen Schmerzkörper sein zu lassen, anstatt ihn in dem Moment, in dem er sich zeigt, zu bekämpfen, lassen eine Kraft entstehen, die buchstäblich zu seiner Auflösung führt.

Wenn du schlechter Stimmung bist, egal ob diese mit Spannungen im Körper oder hochkochenden Emotionen einhergeht, dann weißt du, dass dein Schmerzkörper wieder wach und aktiv ist. Ein weiteres Merkmal des Schmerzkörpers ist die „Stimme im Kopf“, wie Tolle sie nennt, die Stimme, die dich und die Welt um dich herum den ganzen Tag lang kommentiert. Du wachst mit dieser Stimme auf, du gehst mit ihr zu Bett, manchmal raubt sie dir auch den Schlaf, wenn sie dich in einen Strudel von Gedanken, Bildern, Wörtern und Assoziationen hineinzieht und du dadurch lange wach liegst und dich im Bett hin- und herwälzt. Viele greifen zu Tabletten oder fangen an zu meditieren, aus dem dringenden Bedürfnis heraus, diese Stimme zum Schweigen zu bringen. Tolle zeigt uns, wie wir diese Stimme und das, was sie uns sagen will, wahrnehmen, ihr zuhören können, um dann zu erkennen, dass die Stimme und die Person, die zuhört, zwei verschiedene Personen sind.

Für Tolle selbst war diese Erkenntnis der Wegbereiter zu seinem großen Durchbruch, wie er ihn in seinem Buch *Jetzt!* beschrieben hat. Als er mit seinen Selbstmordgedanken beschäftigt war, hörte er sich selbst denken: „Ich kann so nicht länger mit mir selbst leben." Plötzlich hörte er diesen scheinbar normalen Satz jedoch aus einer völlig anderen Perspektive und er fragte sich: „Komisch, dass ich das so denke. Kann es sein, dass es zwei Formen meines Ichs gibt, ein ‚Ich' und ein ‚Selbst'? Gibt es ein ‚Ich', das mein ‚Selbst' beobachten kann?!"

Einerseits gibt es die Person, die spricht, andererseits die Person, die zuhört; es ist dein Verstand, der spricht, und du kannst ihm zuhören ... oder auch nicht. Du bist nicht die Stimme in deinem Kopf, du hast diese Stimme in deinem Kopf, der du zuhören kannst oder nicht. Es ist eine Eigenschaft deines Geistes, Gedanken, Wörter und Bilder hervorzubringen – das macht er so. Es verhindern zu wollen ist ein aussichtsloser Kampf. Es ist so, als ob du dem Meer befehlen wolltest, keine Wellen mehr zu schlagen. Außerdem wird er umso stärker, je mehr du versuchst, ihn aufzuhalten. Es gibt einen anderen Weg: Du lässt deinem Geist freien Lauf und entscheidest dich einfach, nicht allem, was er so produziert, deine Aufmerksamkeit zu schenken. Lenk deine Aufmerksamkeit einfach weiter auf denjenigen, der zuhört, und das bist du. Dort ist die Stimme und hier bin Ich.

Es ist eine praktische Angelegenheit, sich mit dem Schmerzkörper und dem inneren Körper auseinanderzusetzen; es erfordert Übung, es ist ein Tanz. Solange du auf deinem Stuhl sitzen bleibst, wird es eher ein mühsamer Prozess bleiben. Du wirst diesen fantastischen Körper einbeziehen müssen, damit der alchemistische Prozess der Transformation vom Schmerzkörper zu einer erneuerten Verbindung mit dem inneren Körper stattfinden kann. Je mehr du dich mit dem inneren Körper verbinden kannst, desto leichter wird es dir fallen, den Schmerzkörper loszulassen; je mehr du den Schmerzkörper loslassen kannst, desto mehr Raum wird entstehen, damit die Energie frei in deinem inneren Körper fließen kann. Diesen physischen und energetischen Aspekten mehr praktische Aufmerksamkeit zu widmen ist eine wertvolle und, nach meinem Empfinden, unerlässliche Ergänzung zu Eckhart Tolles Vorträgen.

Im Rahmen der Lehre Eckhart Tolles hat seine Lebenspartnerin, Kim Eng, es sich zusätzlich zu ihren eigenen Vorträgen zur Aufgabe gemacht, den physischen und energetischen Körper durch „Bewegungen ins Jetzt" anzusprechen. Ihre wunderbare Lehrmethode ist von Eckhart Tolles Vision durchdrungen, und ihre Arbeit wurzelt tief in Yin Yoga, Tai Chi und Qi Gong. Die Kombination von Vorträgen und Bewegung funktioniert sehr gut.

„Das Leben ist der Tänzer und du bist der Tanz", sagt Tolle in seinem Buch *Eine neue Erde*. Er meint es in einem metaphorischen Sinne, aber ich bevorzuge, es wörtlich zu nehmen. Du kannst aktiv Leben in Verbindung mit Bewusstsein trainieren und die Umsetzung in Bewegung und Tanz richtig üben. Wenn du dich bewegst, erhält deine Stimme im Kopf schließlich weniger Aufmerksamkeit. Du bist mehr auf deinen Körper konzentriert, was dir das Tor zu deinem inneren Körper öffnet. Im Tanz kannst du dich von deinem inneren Körper bewegen lassen und mit ihm sogar deinen Schmerzkörper erforschen. Meditatives Tanzen ist ein Tor zum gegenwärtigen Moment. Es lädt dich dazu ein, mit dem zu sein, was ist, und dich mit der Einheit von Aufmerksamkeit, Atem, innerem Körper und Boden zu verbinden, um den Kontakt zu deiner ursprünglichen Lebenskraft wiederherzustellen.

Eckhart Tolle erlebte seinen Durchbruch spontan, über Nacht. Für Menschen wie dich und mich ist es eher ein Weg, der sich über Tage, Monate oder Jahre erstrecken kann. Ich kann nur empfehlen, diesen Weg zu gehen, während du dich bewegst. Lass das Üben zu einem Tanz werden, bei dem sowohl der innere Körper als auch der Schmerzkörper bewegt werden. Fange einfach an, dich zu bewegen, frei zu bewegen, ohne Kontrolle, ohne Bewertungen und Meinungen, ohne Ziel und ohne das „erfundene Selbst". Lass dich in der Bewegung gehen und gib dich deinem Lebenstanz hin. Der Tanz möge deine Meditation sein. Gib dich mit Herz und Seele hin, bis das Üben zum Erleben wird. Es ist nichts Ernstes, was du da tust, es ist nur ein Spiel, das Spiel mit deiner Lebensenergie. So wie der Wind weht und der Fluss fließt, wehst und fließt auch du. Sei spielerisch, so verspielt und vergnügt wie ein Kind. Tanze im Wind, in der Sonne, im Regen, im Park und werde der Wind, die Sonne, der Regen und der Park.

5
EINE NEUE ERDE

Es geht darum, dich mit Herz und Seele hinzugeben, bis das Üben zum Erleben wird. Es ist nichts Ernstes, was du da tust, es ist nur ein Spiel, das Spiel mit deiner Lebenskraft, das Erleben deines neuen Bewusstseins. Welch wunderbare Lebendigkeit und Energie; offensichtlich gibt es eine Möglichkeit, das Leben auf unkomplizierte Weise, neugierig und spielerisch zu erleben. Dieser offene, unkomplizierte Raum liegt jenseits der Welt des „erfundenen Selbst", das der Ursprung der täuschenden Vorstellung ist, dass wir von allem getrennt seien. Tolle sagt dazu: „Wenn ich und das Leben zwei sind, dann bin ich vom Leben getrennt, von allen Dingen, Wesen und Menschen. [...] Das ist absolut unmöglich. [...] Ich und das Leben sind eins." (*Assisi Retreat, Okt. 2013*)

Körper und Seele müssen zusammenarbeiten, um durch das Tor des Jetzt hindurchzutreten, um in diesen offenen, einfachen Raum zu gelangen; keiner der beiden kann das allein schaffen. Diese Zusammenarbeit geschieht oft auch nicht auf natürliche Weise; unser Körper und unsere Seele sind nicht länger selbstverständlich miteinander verbunden. Unser Geist hat sich dermaßen von unserem Körper entfernt, dass wir wie ein kopfloses Huhn durch unser Leben rennen. Wir müssen diese Verbindung wiederherstellen, was einiges an Übung erfordert. Darum möchte ich dich sogleich bitten, außerhalb des sicheren Übungsraumes eines Meditationskissens oder einer -bank zu üben, so wichtig und angenehm diese Praxis auch sein mag. Der wunderbarste Raum, in dem das neue Bewusstsein geübt werden kann, gemeinsam in aller Offenheit, ist der, der sich in deinem täglichen Leben zeigt. „Sowie sich das neue Bewusstsein entfaltet, werden einige Leute sich

aufgerufen fühlen, Gruppen zu bilden, die das erleuchtete Bewusstsein widerspiegeln. [...] Die einzelnen Menschen, aus denen diese Gruppen bestehen, werden kein Bedürfnis haben, aus ihnen ihre Identität zu beziehen. Sie suchen nicht mehr nach irgendeiner Form, um sich zu definieren. [...] Das menschliche Ego im Licht des Bewusstseins aufzulösen – das wird eines der Hauptziele dieser Gruppen sein, ob es sich um erleuchtete Unternehmen, Wohltätigkeitsverbände, Schulen oder Gemeinschaften handelt, in denen Menschen zusammenleben."
(*Eine neue Erde, Arkana*)

In diesem Zitat aus *Eine neue Erde* vermittelt uns Tolle eine neue Gesellschaftsform, wie sie sich auf einer neuen Erde entwickeln könnte. Eine andere Bewegung aus einer vollkommen anderen Richtung, nämlich aus der zeitgenössischen Philosophie, gewinnt gerade an Boden. Sie plädiert für eine Gesellschaft, in der es ebenfalls eine entscheidende Rolle spielt, dass die Menschen an sich arbeiten, um sich verändern zu können. Das ist amüsant, da das Wort „Spiritualität" eine leichte bis ernsthafte allergische Reaktion im Kreise der zeitgenössischen Philosophen hervorriefe, da es zu „soft" wäre. Gleichzeitig sind sie so präzise in Bezug auf spirituelle Erkenntnisse in ihrem eigenen Gedankengut, dass es verwundert, dass sie diese Erkenntnisse nicht als solche benennen wollen. Beispielsweise findet man in der philosophischen Literatur kein einziges Zitat von Eckhart Tolle. Das gleiche gilt für spirituelle Autoren, die ihrerseits das Wort „Philosophie" in ihren Abhandlungen gewissenhaft vermeiden, da es zu sehr an die Welt des Geistes erinnert. Anscheinend empfinden es die Verfechter von Philosophie und Spiritualität als eine Bedrohung ihrer individuellen Daseinsberechtigung, wenn sie zwischen beiden Disziplinen eine Brücke schlagen. Leider betonen beide Weltanschauungen eher das, was sie voneinander unterscheidet, als das, was sie verbindet.

Vom zeitgenössischen Philosophen Peter Sloterdijk stammt der Essay *Du musst dein Leben ändern*. Dieser Titel leitet sich vom letzten Satz des Gedichts *Archaischer Torso Apollos* von Rainer Maria Rilke ab: „Du musst dein Leben ändern." Man erkennt darin auch Tolles Offenbarung: „Ich kann nicht länger mit mir selbst leben." Rilke spürt eine gewisse Inspiration durch all die Dinge, die ihn umgeben, und besingt sie in seinen Gedichten. Es ist genau diese Sensitivität, über die wir im vorherigen Kapitel gesprochen haben; eine Art Sensitivität, die Künstler besitzen und mit der sie uns den Weg aus der Höhle unserer Gefangenschaft in unserem „erfundenen Selbst" zeigen. Rilke schrieb über Rodins Bronze- und Marmorskulpturen: „Es gibt unendlich viele Schauplätze, und nicht einer, in dem nicht irgendetwas lebt." Nur ein Mensch, der mit seinem inneren Körper verbunden ist, kann so etwas wahrnehmen und den Drang verspüren, es niederzuschreiben, weil es von Bedeutung ist.

Der römische Torso, dieses Kunstwerk, das Rilke als ein dynamisches, lebendiges Ganzes empfindet, lässt in ihm die Frage aufsteigen: Was begeistert dich? Sein eigenes Leben genau betrachtend kommt er zu dem Schluss, dass es den Erwartungen, die das Leben an ihn stellt, nicht gerecht wird: „Du kannst so nicht mit deinem Leben weitermachen." Sloterdijk übersetzt diese Aussage von einem negativ-ablehnenden in einen positivauffordernden Satz: „Du musst dein Leben ändern." Er schreibt weiter: „Der Mensch ist zuallererst ein Wesen, das mit dem Leben, wie es ist, nicht zufrieden ist. Menschen üben sich fortlaufend darin, ihr Leben zu verändern, und erschaffen sich dadurch neu. Der Mensch kann dieses jedoch nicht allein tun: Er muss sich zusammen mit anderen Menschen Ritualen, Techniken, Übungen und Trainings hingeben." (*Sloterdijk, Du musst dein Leben ändern - Suhrkamp*)

Verglichen mit Tolles Aussagen gibt es sowohl Unterschiede als auch Gemeinsamkeiten. Die wichtigsten Gemeinsamkeiten liegen darin, dass Übung, Training und Veränderung als entscheidend und unerlässlich angesehen werden.
Sowie sich das neue Bewusstsein entfaltet, werden einige Leute sich aufgerufen fühlen, Gruppen zu bilden, die das erleuchtete Bewusstsein widerspiegeln. Tolle ist selbst ein solcher Mensch, ein Frequenzerhalter, der sich der Realität des gegenwärtigen Moments nicht entzieht, der ihn mit Mitgefühl aufnimmt und erlebt und ihn als Anregung zur Veränderung ergreift. Frequenzerhalter sind Menschen mit einer klaren Botschaft, die der Sache mit Herz und Seele verpflichtet und bereit sind, einen anderen Kurs zu fahren, wo immer es möglich ist. Die alltägliche Praxis, das Feststecken im „erfundenen Selbst" mit seinen alten Mustern, ist so hartnäckig, dass es mehr als wünschenswert ist, dass Frequenzerhalter tatkräftige Unterstützung von anderen erhalten, um gemeinsam Veränderungen zu erleichtern. Je mehr Frequenzerhalter und „Frequenzverstärker" es gibt, desto spürbarer und greifbarer wird die neue Frequenz, und desto leichter

wird es mitzuschwingen. Das ist der eigentliche Zweck, mit dieser neuen Frequenz mitzuschwingen.

Die Menschen scheinen dies oft zu tun. Möglicherweise ist die Kluft zwischen Spiritualität und Philosophie überwunden. Allem Anschein nach wird die Kluft zwischen holistisch orientierten und wissenschaftlich ausgerichteten Menschen ebenfalls zunehmend kleiner, da mittlerweile auch die Wissenschaft den Gedanken des Lebens als „Kunst" aufgegriffen hat. Die eigenartige Wendung ist, dass die Wissenschaft sich dieses Thema zwar anschließend vollständig zu eigen gemacht hat, bei der praktischen Umsetzung der Kunst des Lebens jedoch den alten Fehler wiederholt und von der Ebene unseres brillanten Verstandes an das Thema herangeht. Das ist wirklich sehr bedauerlich. Mit unserer Aufmerksamkeit vollkommen gegenwärtig zu sein geschieht mit Hilfe unseres ganzen Wesens. Wenn dieser Zustand jedoch nur eine Funktion unseres brillanten Kopfes ist, wird er zu einer „Geistestäuschung". Beispielsweise kommen Menschen aus unterschiedlichen Gruppen zusammen, die sich am Ende jedoch immer für ihr eigenes Existenzrecht und für die Trennung anstatt für die Verbundenheit entscheiden. Seit einiger Zeit bietet Eckhart Tolle anderen spirituellen Lehrern die Möglichkeit, im Eckhart Tolle TV mit ihm in einen Dialog zu treten. Menschen wie Neale Donald Walsch, Jack Kornfield, Peter Russell und Deepak Chopra sitzen mit ihm zusammen auf der Bühne. Diese Verbindung herzustellen ist absolut grundlegend für eine Veränderung. Eh wir uns versehen, hat sich sonst jeder Lehrer wieder einmal seine eigene Gemeinde geschaffen. Das kennen wir schon und wir wissen aus Erfahrung, dass so etwas nicht funktioniert.

Diejenigen, die wirklich eine Veränderung bewirken wollen, fangen bei sich selbst an. Dazu müssen sie bereit sein, auch wenn sie auf Widerstand und Ablehnung anderer Menschen stoßen, die vielleicht auch eine Veränderung wollen, sie aber lieber bei anderen suchen. Man kann niemand anderen für eine Veränderung verantwortlich machen, nur sich selbst. Nur du selbst kannst der Wandel sein. Diese Bewegung erhält ihren Impuls nicht von außen und geht dann nach innen, sondern umgekehrt, sie verläuft von innen nach außen, aus deinem inneren Körper, deinem Herzschlag, deiner Inspiration heraus.

Die Umkehrung dieser Bewegung von innen nach außen statt von außen nach innen ist auch die Umkehrung von einem reaktiven zu einem kreativen Leben, und das ist eine große Veränderung. Es ist ein Transformationsprozess, der Zeit braucht. Wir leben in einer Zeit der Transformation, wir leben in einer Zeit des Wandels vom alten zum neuen Bewusstsein. Das bietet uns viele Möglichkeiten und Chancen, konfrontiert uns jedoch auch mit Erosion und Chaos. Solange wir einen Körper haben, tragen wir potentiell weiterhin die Tatsache in uns, dass wir als Menschen vom Tier abstammen. Wie genial unsere beiden Hemisphären auch sein mögen, in diesem Fall ist unser Verstand nicht über den des Affen hinausgekommen; unser Verhalten ist reaktiv – oftmals sogar bewusst – und unsere Menschlichkeit ist hauchdünn. Auch wenn wir uns noch so sehr wünschen, dass es anders wäre.

Wenn sich unser Leben einfach und angenehm gestaltet, dann sind wir oft liebenswürdig und entgegenkommend und verlieren nicht so schnell die Fassung. Aber das Leben entfaltet sich selten „einfach“ und „angenehm“

und wenn, dann nur sporadisch. Wenn es nicht einfach und angenehm ist, werden wir vorsichtig und verlieren eher das Gleichgewicht. Ein Rückschlag kann die hauchdünne Schicht unserer Menschlichkeit sehr schnell durchbrechen und den stacheligen Kaktus in uns wachrufen. Wir schützen uns und sind nicht mehr zugänglich. Das ist die Phase der defensiven Haltung: Lass mich in Ruhe. Die Unannehmlichkeiten des täglichen Lebens haben es aber nun mal an sich, dass sie dir keinen Moment der Ruhe gönnen. Gerade wenn du das Gefühl hast, endlich einen ruhigen Augenblick zu haben, folgt schon das nächste ärgerliche Ereignis. Wir schalten dann von der Defensive in die Offensive um: Der Kaktus wird zu einem bellenden Hund und wenn nötig sogar zu einem wildgewordenen Gorilla. Ein Tiefschlag und der Mensch scheint zu einem Tier zu werden, das in seiner Reaktion zu allem fähig ist. Eine rote Ampel verwandelt uns in eine wild hupende Bestie. Jemand, der sich absichtlich oder unabsichtlich in einer Schlange vordrängelt, bringt unser Blut in Wallung. Und jemand, der einen Kratzer an seinem Auto entdeckt, kann einen solchen Wutausbruch bekommen, dass ihm Frau und Kind besser gleich aus dem Wege gehen. Die Aggressionen, die in uns Menschen schlummern, können sogar derart eskalieren, dass sie zum Mord führen. Es erfordert Bewusstsein, um dieses animalisch-instinktive Verhalten zu durchschauen und zu kontrollieren. Jeder Mensch verfügt über diese angeborene Fähigkeit, und er täte besser daran, sich mit seinen instinktiven Reaktionen auseinanderzusetzen und sie bewusst zu beherrschen, anstatt sich später in einer Situation wiederzufinden, in der diese ungebändigten Emotionen mit ihm durchgehen.

Der Schmerzkörper ist ein ungezügeltes Monster, wenn er in Aktion tritt. Fast nichts ist so hässlich wie seine ausgewachsene Form, wenn sie jeden, der etwas falsch macht, angreift und behauptet, es müsse alles anders gemacht werden. Wir sind dann weit entfernt von dem „Ich muss mich ändern" und stattdessen völlig eingetaucht in das „Es muss sich ändern" oder „Du musst dich ändern". Jeder lässt sich vom Schmerzkörper überwältigen, sobald die eigene Aufmerksamkeit nachlässt. Wenn wir gerade unachtsam sind, genießen wir es manchmal sogar – rückblickend zu unserer großen Schande – zu prahlen und anzugeben, uns zu beklagen, zu kämpfen, uns in blindem Ehrgeiz zu verlieren, andere zu beschuldigen, etwas zu verlangen, etwas besser zu wissen, jemanden zu verleumden oder zu überlisten oder was immer der Schmerzkörper am liebsten täte.
Das erinnert mich an den Mann, der sich jede Woche in der Kirche beim Heiligen Franziskus über seinen Kummer beklagt, ständig lamentiert, das Leben möge doch anders sein, und sich nichts sehnlicher wünscht, als dass Franziskus ihm zu einem Lottogewinn verhelfe. Franziskus, der für seine Geduld bekannt ist, hat schließlich genug von der permanenten Litanei und sagt zu dem Mann: „Wenn du unbedingt im Lotto gewinnen willst, warum kaufst du dir dann nicht einen Lottoschein und spielst mit?"
Ich wünsche allen Menschen, dass sie sich spielerisch und aktiv darin üben, dem Aufruf „Du musst dein Leben ändern" ohne Widerstand zu folgen. Interessant an diesem Satz ist, dass es dabei nicht direkt um das Einleiten einer Veränderung geht, sondern vielmehr darum, aufzuhören, die Veränderung aufzuhalten. Wenn du dem Leben ohne Widerstand folgst, wirst du erfahren, dass

es nichts gibt, was unveränderbar ist. Jede Form zerfällt, und was übrig bleibt, ist das Leben selbst.
Sloterdijk zitiert Hans Jonas mit den Worten: „Handle so, dass die Wirkungen deiner Handlung verträglich sind mit der Permanenz echten menschlichen Lebens auf Erden.“ (*Sloterdijk, Du musst dein Leben ändern - Suhrkamp*).
Diese Aussage enthält nicht nur eine gefühlsbetonte Wertschätzung unseres Handelns, sondern auch eine subtile Warnung, dass die Existenz menschlichen Lebens auf der Erde bedroht oder das menschliche Leben sogar ausgerottet werden könnte, wenn wir uns nicht entsprechend verhalten. Tolle meint dazu: „Wohlgemerkt, der Mensch ist ‚nur' ein Experiment in Form des Bewusstseins; ob dieses Experiment ‚Mensch' gelingt oder nicht, sagt jedoch nichts über das Überleben der Erde aus.“ Außerdem sind wir in den letzten 150 Jahren eher eine Bedrohung für die Erde geworden, anstatt das Leben auf ihr zu begünstigen. Ohne uns würde sich die Erde sicherlich weiterdrehen und wäre vermutlich sogar besser dran als mit uns!
Nachdem Tolle im Jahr 1997 *Jetzt!* geschrieben hatte, folgte 2005 das Buch *Eine neue Erde*. Es trägt den Untertitel *Bewusstseinssprung anstelle von Selbstzerstörung*. Tolle beschreibt darin sehr deutlich, dass sich die Welt an einem wichtigen Scheideweg befindet: Die Menschheit stehe kurz vor einer umfassenden Katastrophe und es sei höchste Zeit, das Bewusstsein kollektiv zu transformieren. Diese Transformation des Bewusstseins werde zunächst individuell vonstattengehen, indem der Mensch aufwacht und seine Identifikation mit dem „erfundenen Selbst“ und dem Schmerzkörper auflöst. Das sei ein Schritt der Befreiung, denn dadurch könne man sich

wieder mit seinem inneren Körper und dem schöpferischen, energetischen Strom verbinden.

Im letzten Kapitel von *Jetzt!* erörtert Tolle minutiös, dass man selbst die Wahl hat, diesen Schritt zu machen. Die Wahl zu haben, setzt bereits ein hohes Maß an Bewusstsein voraus. Ohne dieses Bewusstsein hast du keine Wahl. Wir verwenden etwas in unserem täglichen Sprachgebrauch, das uns eine Menge potentieller Kraft raubt: Wir sprechen lieber in der dritten Person (man), anstatt in der ersten (ich). „Wenn man seine Arbeit verliert und sein Haus verkaufen muss, weil die Bank einen nicht mehr unterstützt, dann kommt man in arge Bedrängnis“, klingt nicht nur anders, sondern fühlt sich auch anders an als: „Wenn ich meine Arbeit verliere und mein Haus verkaufen muss, weil die Bank mich nicht mehr unterstützt, dann komme ich in arge Bedrängnis.“ „Ich kann so nicht länger mit mir selbst leben“ klingt und fühlt sich ebenso anders an als: „So kann man mit seinem Leben nicht weitermachen“, und in „Man muss sein Leben ändern“ schwingt die Vorstellung „erst du, dann ich“ mit. Wenn du bewusst und konsequent deinen Sprachausdruck dahingehend veränderst, dass du „ich“ sagst anstelle von „man“, wenn du „ich“ meinst, wird das einen bedeutenden Unterschied machen. Du verbindest dich so wesentlich stärker mit deinem Leben, und wenn du dich für diese Art der Verbindung entscheidest, wirst du präsenter. Tolle beschreibt das folgendermaßen: „Wahl beginnt in dem Moment, in dem du dich vom Verstand und seinen konditionierten Mustern trennst, in dem Moment, in dem du wachsam wirst. Bis du diesen Punkt erreichst, bist du in spiritueller Hinsicht unbewusst.“ (*Eine neue Erde, Arkana*)

Erkenne also, dass es dieses „Man hat die Wahl" nicht gibt, sondern „Ich habe die Wahl" und mache es dir zu Nutze. In dem Augenblick, in dem du merkst, dass du die Wahl hast, bekommst du Raum, um dich zu bewegen, weil du dich nicht mehr vollständig identifizierst. Du kannst dich entscheiden, etwas zu tun oder zu lassen. Ohne Bewusstsein gibt es keine Wahl.
Tolles Buch *Eine neue Erde* ist aus einer sehr umfassenden Perspektive geschrieben und vermittelt eine gewisse Dringlichkeit. Es beschreibt die Evolution der Erde und der Menschen sowie den Punkt, an dem wir uns jetzt befinden: Chaos. Chaos, in dem sich alte Formen auflösen und neue bilden und zunehmend deutlich wird, dass wir diesen Prozess der Veränderung nicht mit der Logik unseres Geistes verstehen, geschweige denn kontrollieren können. Das löst Angst, Panik und Unsicherheit in uns aus und wir wollen das Alte und Vertraute unbedingt festhalten, während es vor unseren Augen und in unseren Händen zerfällt. Das Buch *Jetzt!* appelliert eindringlich an uns, uns die große schöpferische Kraft in uns bewusst zu machen. „Eine neue Erde" ist „die Herausforderung dieser Zeit", wie der Untertitel des Buches in der holländischen Ausgabe lautet, weil es uns auffordert, Verantwortung für unser Leben zu übernehmen und unsere große schöpferische Kraft zu nutzen, um den Wandel zu erleichtern. Es geht nicht darum, eine Veränderung hervorzubringen oder auszuführen, sondern darum, die Veränderung zuzulassen, anstatt sie zu verhindern. Das ist der Kerngedanke des Buches. Um sich in einen Schmetterling zu verwandeln, befindet sich eine Raupe zunächst in einer Phase des absoluten Chaos. In ihrem Kokon zerfällt sie in ein suppenartiges Gemisch aus

Einzelteilen. Sogar das Herz fällt auseinander, um sich dann, zusammen mit allen anderen Einzelteilen, in etwas Neues zu verwandeln. Die Raupe lässt diesen Prozess zu, sie gibt sich ihm hin. Wir hingegen wehren uns gegen das Chaos der Veränderung, gegen den Zerfall der Form. In *Eine neue Erde* unterscheidet Tolle zwischen einem inneren und einem äußeren Ziel. Das innere Ziel ist ein primäres, es ist mit dem Sein und dem Erwachen des Bewusstseins verbunden. Das äußere Ziel ist sekundär, es hängt mit deinem Tun in Übereinstimmung mit deinem inneren Ziel zusammen. Vieles von dem, was wir in unserer äußeren Welt sehen, ist verunreinigend, erniedrigend und unmenschlich; wir sind es, die es tun. Dieses Tun ist absolut nicht in Übereinstimmung mit dem, wofür wir uns bewusst entscheiden würden. Niemand entscheidet sich bewusst für Verschmutzung, Gewalt und unmenschliche Verhältnisse. Niemand entscheidet sich bewusst, der Erde oder den Mitmenschen anzutun, was sie nicht wollen, dass ihnen angetan wird. Wenn wir uns bewusst werden und Verantwortung dafür übernehmen, dass wir „Mist gebaut" haben, dann treten wir in Kontakt mit dem gegenwärtigen Moment, so wie er ist. Der nächste Schritt ist nun nicht, das Durcheinander in der äußeren Welt buchstäblich wieder in Ordnung zu bringen, indem wir kopflos herumrennen und tun, tun, tun. Es geht vielmehr darum, die Verbindung zu deinem primären, inneren Ziel herzustellen und, von einer gewissen Erkenntnis ausgehend, eine Art des Handelns zu entwickeln, die in Einklang mit dem Bewusstsein steht. In Bezug auf die äußere Welt bedeutet das, dass wir den Zusammenbruch der alten Formen und Strukturen zulassen. Dieser Prozess läuft zurzeit sehr gut: Wirtschaft, Politik,

Gesundheitssysteme, Erziehung und Religion verlieren immer mehr an Boden und brechen zusammen. Wenn wir der äußeren Welt Raum geben, um auseinanderzufallen, sollten wir diesen Raum auch uns selbst zugestehen. Es geht darum, die Veränderung nicht aufzuhalten, das Chaos zu- und die Formen zerfallen und sich auflösen zu lassen, einschließlich unserer eigenen Form des „erfundenen Selbst".

Diese Dringlichkeit ist es, die in dem Buch *Eine neue Erde* greifbar wird und aus der es hervorgegangen ist: So ist der momentane Zustand und das können wir dagegen tun – nicht weil wir es uns ausgedacht haben, sondern weil der Strom des Lebens, unser Bewusstsein, es so von uns verlangt. Das Buch ist ein Beispiel dafür, wie ein Mensch, nämlich Eckhart Tolle, aus seinem inneren Ziel heraus – dem Erwachen zu einem neuen Bewusstsein – seinem äußeren Ziel eine Form gibt, in dem er *Eine neue Erde* schreibt. Dieses Buch ist demnach sowohl eine Botschaft als auch ein Beispiel dafür, wie wir eine neue Erde verwirklichen können.

Es zuzulassen, dass sich unsere eigene Form auflöst, bedeutet zuzulassen, dass sich unsere Identifikation mit unserem „erfundenen Selbst" auflöst. Eckhart Tolle erlebte diesen Wandlungsprozess in einer Nacht. Vorausgegangen waren Jahre, in denen er sehr litt und sich bis zur Verzweiflung selber quälte mit dem Resultat, dass seine Schale in einer Nacht aufbrach und er die einsetzende Wandlung nicht länger aufhalten konnte. Andere Menschen machen ähnliche Erfahrungen, nachdem sie zum Beispiel einen geliebten Menschen verloren oder einen dramatischen Unfall erlebt haben, ernsthaft erkrankt sind, ihre Arbeit verloren oder eine Nahtoderfahrung hatten. Eine starke psychische Belastung kann dazu führen, dass der Verstand seinen Widerstand aufgibt oder sich überwältigt fühlt, und das bietet dann die Chance zu erwachen. Es gibt jedoch viel mehr Menschen, die Ähnliches erlebt haben, ohne dass auch nur ein Fünkchen Bewusstsein daraus entstanden ist. Es sind oftmals nur die Sonderlinge, die durch diese psychischen Belastungsproben erwachen.

Der Frosch-Wissenschaftler, den ich bereits erwähnt habe, käme an diesem Punkt zu dem Schluss, dass starker psychischer Druck bei einigen Menschen zu Fantastereien und Halluzinationen führt. Das belegt, dass die Wissenschaft das Entstehen von Veränderungen nicht zulässt. Wie sehr die Wissenschaft auch versucht, mit großem Einfallsreichtum und Neugier die Weite des Mikrokosmos mit Hilfe eines Mikroskops oder die Unendlichkeit des Universums mit Hilfe eines Teleskops zu ergründen, so bleibt sie dennoch in ihrer eigenen Sprache und Sichtweise gefangen und wird infolgedessen nie über ihren Schatten hinauswachsen. Gleichzeitig weist die Wissenschaft jedoch auf eine Vernetzung der inneren und äußeren Ziele im großen Plan der Dinge hin. Die Schritte, die wir in Bezug auf unsere inneren Ziele unternehmen, werden manchmal durch die äußere Welt behindert, und die Veränderungen, die sich im Außen zeigen, scheinen manchmal den inneren Zielen entgegenzuwirken.

Es ist durchaus erlernbar, die Identifikation mit dem Intellekt aufzulösen. Hier gilt eine goldene Regel der Dachdeckerei: Ein Dach repariert man am besten, wenn es nicht regnet. Übertragen bedeutet dies, dass ruhige und stressfreie Tage am besten dazu geeignet sind, um sich das Zusammenspiel von Aufmerksamkeit, Atmung, innerem Körper und Boden anzueignen. Indem du dies übst, wird es dir zunehmend leichter fallen, dich bewusst für die Verbindung mit deiner Basis, deinem inneren Körper zu entscheiden, wo auch immer du gerade bist oder was auch immer du gerade tust. Wenn du diese Übungen, die dich von deinem brillanten Kopf in den Körper bringen, nicht machen kannst, dann bleibe den Tag über wenigstens in Kontakt mit deiner Basis. In der Tat erfordert die Ausübung oder Anwendung dieser Technik Wiederholung ... Wiederholung ... Wiederholung. Es ist wie bei jeder Fertigkeit, die wir gerne meistern würden: Du musst mindestens zehntausend Stunden lang üben, um das zu beherrschen, was dir am Herzen liegt. Je leichter du diese Verbindung mit deiner Atmung, deiner Aufmerksamkeit, deinem inneren Körper und dem Boden herstellen kannst, desto besser gelingt es dir, wenn du im Stress bist, unter Druck stehst oder tatsächlich mitten im Sturm stehst. Wenn du noch bei Windstärke neun, Wolkenbruch und Blitz und Donner auf dein Dach steigen musst, um die Situation zu retten, dann ist es zu spät. Du solltest während trockener Phasen üben, und das regelmäßig. Wenn alle Zeichen in deinem Leben, in deiner Partnerschaft, bei der Arbeit auf eine bevorstehende Apokalypse hindeuten und dein Verstand Überstunden macht, kannst du dich so zumindest auf den Teil in dir verlassen, der geübt hat und erkennt, dass du dich nicht in den Strudel von Angst und Panik hineinziehen lassen musst, sondern deine Aufmerksamkeit auf deine Atmung, deinen inneren Körper und den Boden unter dir richten kannst, auf den gegenwärtigen Moment. Du kannst dann leichter mit der Situation umgehen, indem du entweder akzeptierst, was

sich im gegenwärtigen Moment zeigt oder so handelst, wie die Lage es erfordert.
Das gleiche Prinzip liegt unserer größten Herausforderung zugrunde: „Stirb, bevor du stirbst." Du kannst dich auf die vielen Prüfungen, die das Leben für dich bereithält, vorbereiten und dich darin üben. Dabei geht es nicht um körperliches Krafttraining, den Abschluss etlicher Versicherungen oder um ein Geschäft mit Gott. Es geht um die Erkenntnis, dass du zwischen Geburt und Tod in diesem Körper lebst und zu dem wirst, der du bist, in dem Bewusstsein, dass jeder Tag dein letzter sein könnte. Mache jeden Tag zu einem guten Tag, um zu sterben.
Wenn du dich darin übst, wird der gegenwärtige Moment dein Zuhause werden und das Streben in die Vergangenheit oder Zukunft wird nachlassen, die Identifikation mit deinem „erfundenen Selbst" wird sich auflösen, dein Geist wird ruhiger, das Fließen deines inneren Körpers immer spürbarer und die Verbindung mit deinem inneren Ziel intensiver werden.
Leben bedeutet, der zu werden, der du bist – das innere Ziel – in Beziehung zum anderen – das äußere Ziel. Auch das ist wie ein Tanz, sowohl mit dir selbst als auch mit dem anderen. Die Natur dieses Tanzes verändert sich ständig, aber der Tanz findet immer im gegenwärtigen Moment statt. Kannst du diesem Tanz mit dir selbst und mit dem anderen im gegenwärtigen Moment bedingungs- und vorbehaltlos folgen, bemerkst du jeden inneren Widerstand und kannst ihn anschließend loslassen? Jeder innere Widerstand bedeutet auch immer ein subtiles „Nein" gegenüber dem, was ist. Dieser Widerstand unterbricht die Verbindung mit deinem inneren

Frieden, mit dem gegenwärtigen Moment und er stört deinen Tanz. Wie gehst du mit Dingen im gegenwärtigen Moment um, die du so nicht akzeptieren kannst? Denn seien wir ehrlich: Es gibt doch immer kleinere oder größere Dinge in unserem Leben, die wir so, wie sie sind, nicht haben wollen. Als ersten Schritt kannst du dich dafür entscheiden, welches Verhältnis du zum gegenwärtigen Moment haben willst. Tolle sagt dazu: „Soll der gegenwärtige Moment dein Freund oder dein Feind sein? Wenn er dein Freund sein soll, dann musst du den ersten Schritt machen: Du musst freundlicher mit ihm umgehen, ihn willkommen heißen, unabhängig davon, in welcher Gestalt er sich dir zeigt. Die Entscheidung, dich mit dem gegenwärtigen Moment anzufreunden, bedeutet das Ende des ‚erfundenen Selbst'." (*Persönliches Gespräch ET und Autor, Anm. d. Red.*)

Du denkst vielleicht: „Na gut, aber das ist genau das Problem: Ich will gar nicht freundlicher zum gegenwärtigen Moment sein, weil er nicht so ist, wie ich ihn mir wünsche." Spürst du deine Ablehnung des gegenwärtigen Moments in der Anspannung deines Körpers? Spürst du das Gefühl des Widerstandes und hörst du die Stimme in deinem Kopf, die alle erdenklichen Argumente und Urteile darüber vorbringt, warum der gegenwärtige Moment nicht akzeptabel ist? Wenn wir es unserem „erfundenen Selbst" überlassen, sind wir in dieser Hinsicht erfahrene „Widerständler", die auf die Frage „Was denkst du über den gegenwärtigen Moment?" unweigerlich mit „Ich bin dagegen!" antworten.

Kannst du diesen inneren Widerstand loslassen und dich dem gegenwärtigen Moment hingeben? In Kapitel 3 ging es ausführlich um Hingabe, darum, was dich daran hindern kann, dich hinzugeben, und wie Hingabe in Beziehung zur horizontalen und vertikalen Dimension deines Lebens steht. Hier kommen wir zu dem sehr praktischen Punkt: Wie funktioniert das konkret, sich dem gegenwärtigen Moment hinzugeben?

Sich dem gegenwärtigen Moment hinzugeben bedeutet nicht, dass du jede Situation einfach hinnimmst oder dass du keine Pläne schmiedest oder guten Taten vollbringst. „Hingabe ist eine rein innere Erscheinung. Sie hat nichts damit zu tun, dass du im Außen nicht aktiv werden und die Situation verändern könntest.“ (*Eine neue Erde, Arkana*) Das sagt Tolle dazu. Es geht um die Quelle, aus der die Handlung entspringt. Wenn deine Taten aus dem Widerstand heraus entstehen, dann werden sie mit Negativität, Feindseligkeit und einem beleidigten „erfundenen Selbst“ aufgeladen sein und besonders darauf abzielen, die Ehre des beleidigten „erfundenen Selbst“ wiederherzustellen. Wenn du aus deinem inneren Körper heraus agierst, von deinem inneren Ziel her, aus einer Haltung der Hingabe, dann werden deine Taten positiv wirken und dem Strom des Lebens folgen. Tolle beschreibt dies in seinem Buch *Jetzt!* folgendermaßen:

„Nehmen wir an, du stecktest irgendwo im Schlamm fest. Dann würdest du nicht sagen: ‚Okay, ich stecke im Schlamm fest, ich gebe auf.‘ Aufzugeben hat nichts mit Hingabe zu tun. Du musst eine unerwünschte oder unangenehme Lebenssituation nicht annehmen. Du musst dir auch nicht vormachen, dass es schon in Ordnung ist, im Schlamm festzustecken. Nein. Du weißt mit Sicherheit, dass du da herauskommen willst. Dann richtest du deine Aufmerksamkeit auf den gegenwärtigen Moment, ohne ihn irgendwie zu benennen. Du erschaffst

also kein Urteil über das Jetzt. Dadurch wird auch kein Widerstand, keine emotionale Negativität aufgebaut. Du akzeptierst das ‚Sosein` dieses Momentes. Dann schreitest du zur Tat und tust alles, was du kannst, um aus dem Schlamm herauszukommen. Das nenne ich positive Aktion, und sie ist weitaus effektiver als negative Aktion, die aus Wut, Verzweiflung und Frustration entsteht. Bis du dein Ziel erreichst, bleibst du weiterhin in der Hingabe, indem du das Jetzt nicht benennst und beurteilst."
(*Jetzt!, J.Kamphausen*)

Dieses Bildnis, im Schlamm festzustecken, steht für ein ganzes Spektrum von Situationen, in die wir im Laufe eines Lebens geraten können: vom Feststecken im Schlamm wegen eines unerwarteten Regengusses im afrikanischen Dschungel bis hin zum Feststecken in der Partnerschaft, in der Arbeit oder einfach im alltäglichen Leben. Es ist dann wichtig, dir Raum zu geben, um deine Beziehung zum gegenwärtigen Moment zu überprüfen und zu spüren, ob du dich mit dem „Sosein" dieses Augenblicks verbinden kannst. Hier bin ich und dort ist die Situation, du verschmilzt also nicht mehr mit der Situation, sondern spürst eine Distanz zwischen dir und der Situation, indem du sie beobachtest. Und wenn du in dieser Verbindung mit dem gegenwärtigen Moment beobachten kannst, wie sich dein Körper anfühlt, welche Gefühle in dir auftauchen, was in deinem Kopf vorgeht – ob du körperlich verspannt bist, ob deine Gefühle negativ sind, ob die Stimme in deinem Kopf aktiv ist, kurz gesagt, ob es etwas in dir gibt, das sich gegen den gegenwärtigen Moment wehrt. „Wenn dir deine Lebenssituation unbefriedigend oder sogar unerträglich erscheint, dann führt der Weg zur Auflösung der unbewussten Widerstandsmuster, die diese Situation aufrechterhalten, nur durch die Hingabe. Hingabe ist absolut vereinbar damit, aktiv zu werden, Veränderungen anzugehen und Ziele zu erreichen. Doch im Zustand der Hingabe fließt eine völlig andere Energie, eine ganz andere Qualität in dein Tun. Hingabe verbindet dich wieder mit der Seins-Energie an der Quelle, und wenn dein Tun mit Sein erfüllt ist, dann bringt diese Feier deiner Lebensenergie dich tiefer in das Jetzt." (*Jetzt!, J.Kamphausen*)

Die Herausforderungen unserer Zeit sind sehr groß. Wenn du dir erlaubst, mit dem gegenwärtigen Moment in Kontakt zu treten, kann es sein, dass sich deine Aufmerksamkeit auf die Angelegenheiten des gegenwärtigen Moments richtet, die außerhalb deiner Selbst liegen: auf den Zustand der Welt mit all ihren Ungerechtigkeiten. Diese gewaltige Herausforderung übersteigt bei weitem deine unmittelbaren Einflussmöglichkeiten, weshalb sehr leicht Gefühle der Hilflosigkeit, Negativität und Hoffnungslosigkeit in dir aufsteigen können. Aber genau das führt dich nirgendwohin und bringt dir auch nichts, du entfernst dich einfach nur weiter von dir selbst.
Versuche dich auf genau den gegenwärtigen Moment zu konzentrieren, in dem du dich gerade befindest, auf den Stuhl, auf dem du gerade Jetzt sitzt, auf das Buch, das du gerade liest. Dann frage dich: Leiste ich in diesem konkreten Moment gegen irgendetwas Widerstand? Kann ich mich diesem gegenwärtigen Moment hingeben? Kann ich einfach mit dem sein, was ist, und uneingeschränkt „Ja" dazu sagen? Tolle sagt dazu: „In vier Worten liegt das Geheimnis der Lebenskunst, das Geheimnis allen Erfolgs

und Glücks: eins mit dem Leben. Eins mit dem Leben zu sein heißt eins mit dem Jetzt zu sein. Dann wird dir klar, dass nicht du dein Leben lebst, sondern dass das Leben dich lebt. Das Leben ist der Tänzer, und du bist der Tanz."
(*Eine neue Erde, Arkana*)

6
STILLE SPRICHT

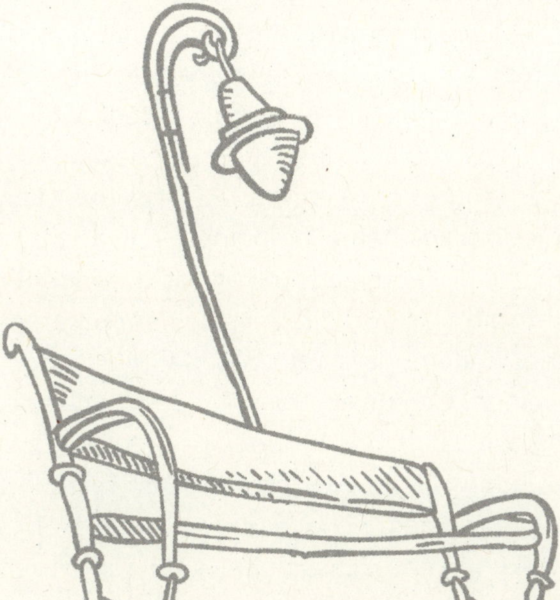

Die Antwort auf die große Frage „Wie können wir zu einer neuen Erde gelangen?“ ist ganz simpel: Umarme das Jetzt, folge dem Strom des Lebens, der darin präsent ist, und bewege dich. Es ist auch die Antwort auf die große persönliche Frage „Was begeistert mich?“. Beginne mit dieser Frage. Dein inneres Ziel ist es, aufzuwachen, dein Leben bewusst aus dem Herzen und der Seele heraus zu leben und dein äußeres Ziel damit in Einklang zu bringen. Und du beginnst mit kleinen Schritten. Fange nicht gleich mit den ganz großen an. Stell dir vor, wie du im Supermarkt in der Schlange an der Kasse stehst und nichts voranzugehen scheint. Du wirst ungeduldig, nervös oder wütend. Eigentlich wartest du nur, aber deine Gedanken beißen sich so daran fest, dass es zu einem Problem wird: „Ich habe keine Zeit zu warten, wieso können die nicht schneller bezahlen, wieso wird keine andere Kasse geöffnet und wieso muss ausgerechnet ich warten?“ Es entsteht ein Strom aus negativen Gedanken, und der Clou dabei ist, dass du diesem Gedankenstrom nicht folgen musst. Beobachte ihn einfach und lasse ihn los. Du brauchst in diesem Augenblick nichts zu tun, und genau an diesem Punkt kannst du dich mit dem kostbaren Phänomen, das du bist, verbinden: mit dem Leben. Das erreichst du, indem du aufmerksam atmest und dich mit deinem inneren Körper und dem Boden unter deinen Füßen verbindest. Folge nicht deinem Gedankenstrom, sondern suche den Energiefluss deines inneren Körpers. Es gibt täglich zahllose kleine Übungsmöglichkeiten, mit deren Hilfe du die Verbindung zu deinem erwachenden Bewusstsein pflegen und stärken kannst: Lass dein Handy fünf- oder sechsmal klingeln, bevor du rangehst. Atme dreimal tief ein und aus, bevor du zu essen anfängst. Beginne den Tag mit einem Glas Wasser, das du aufmerksam trinkst und schmeckst. Bleibe auf jeden Fall länger auf der Toilette sitzen, einfach nur um zu atmen. Bleibe an der gelben Ampel stehen und warte. Lege dich beim Einschlafen und beim Aufwachen kurz auf den Rücken, um der Energie in deinem Körper nachzuspüren. Lege bewusst eine Pause ein, wenn du mit jemandem sprichst. Spaziere oder radele ein bisschen durch den Park. Betrachte eine Blüte, ohne sie benennen oder ihre Farbe, ihre Schönheit oder ihren Duft beschreiben zu müssen, und während all dieser kleinen Aktivitäten kannst du dich wieder und wieder mit der Energie des Jetzt verbinden – durch deine Aufmerksamkeit und deinen Atem. Es gibt viele kleine Schritte, mit denen du nach und nach klarkommen wirst, und sie werden einen Unterschied in deinem eigenen Wohlbefinden und dem deiner Umwelt ausmachen. Die Krise, die du im Außen wahrnimmst, ist die Krise des Bewusstseins. Die Lösung liegt in der Veränderung *deines* Bewusstseins. Die Krise, die du im Außen wahrnimmst, spiegelt die Krise in deinem eigenen Leben wider. Versuche nicht, die Probleme der Welt zu lösen, sondern lenke deine Aufmerksamkeit nach innen und suche dort deinen Frieden. Es liegt an dir, Verantwortung für dein Erwachen zu übernehmen und vom „erfundenen Selbst" zum erwachten Bewusstsein zu gelangen. Wenn dieses neue Bewusstsein in dir erblüht, wird sich die Krise im Außen besser verändern lassen.

Tolles Vision drückt sich in einer Lebenshaltung aus, die du dir selbst beibringen kannst, die du selbst leben und andere Menschen lehren kannst. Diese Vision beinhaltet die Notwendigkeit, unseren Kindern nicht nur die Möglichkeit zur kognitiven Entwicklung zu geben, sondern auch zur sozialen und emotionalen Entwicklung mit einer spirituellen Dimension. Es ist unsere Pflicht, den Raum zu schaffen und die Umgebung zu gestalten, in denen unsere Kinder aufwachsen, und wir können uns bewusst dazu entschließen. Wir alle wollen, dass unsere Kinder eine gute und stabile Position in dieser Welt haben, in einer Welt, die wir gleichzeitig als „Rat Race“ beschreiben. Wie paradox ist das denn? Wie auch immer, das ist die Paradoxie dieses Moments, und wir müssen damit zurechtkommen. Unser Bildungssystem liegt jedenfalls ganz auf dieser Linie. Im Mittelpunkt stehen die Entwicklung des rationalen Denkens und die Fähigkeit, Wissen zu reproduzieren. Bereits in jungen Jahren wird bei Kindern zwischen „Erfolgsmenschen“ und „Versagern“ unterschieden, womit der Bezugsrahmen für den Rest ihres Lebens feststeht: Es geht nicht darum, wer du bist, sondern was du tust oder tun kannst. Die Erfolgsmenschen werden den Anforderungen gerecht und schaffen den Sprung in die Führungsetage, wohingegen die Träumer sich mit den schlechter bezahlten Jobs abfinden müssen oder auf der Strecke bleiben – und das, obwohl sie in medizinischer Behandlung sind, weil sie ja ein strukturelles Problem haben und deshalb nicht das angebotene Bildungsniveau erreichen können. Das ist das Modell, das wir in großem Maßstab innerhalb der Bildung umsetzen, so bereiten wir unsere Kinder auf ihre Rollen in der Gesellschaft vor. Währenddessen nehmen wir immer wieder Veränderungen an unserem schlecht funktionierenden Bildungssystem vor, weil eine zunehmende Anzahl von Kindern vorzeitig abbrechen, ganz aussteigen oder auf die schiefe Bahn geraten. Das geschieht mittlerweile schon in jungen Jahren. Wenn über Verbesserungen nachgedacht wird, dann geht es nicht um das Ziel, sondern immer um den Weg dorthin, der entsprechend angepasst wird. In unserer Borniertheit wollen wir, dass unsere Kinder schneller und leistungsfähiger werden und sich an das Bildungssystem anpassen, an dem wir mit aller Macht festhalten. Das Ziel dieses Bildungssystems liegt nach wie vor darin, im „Rat Race" zu bestehen. Alle Kinder, die intuitiv spüren, dass dieses Ziel und der Weg dorthin ihnen nicht entsprechen, kommen wörtlich und bildlich gesprochen ins Schleudern und werden aus der Bahn geworfen. Und sie sind nicht die Einzigen: Auch diejenigen, die in diesem Bildungssystem mit Herz und Seele arbeiten und Kindern Wissen und Erkenntnisse vermitteln wollen, werden irgendwann von ihm gebrochen. So wie das Bildungssystem derzeit aufgebaut ist, ist nur sehr wenig darin zu erkennen, das uns helfen könnte, unser Bewusstsein zu entwickeln. Wir lehren unsere Kinder viel zu wenig darüber, wie sie sich selbst und andere erkennen können. Wir scheinen blind dafür zu sein. Dieser Tatsache so, wie sie ist, ins Auge zu sehen, wäre bereits ein großer Schritt. Wir könnten uns dann für etwas anderes entscheiden und sagen: „Stop! Hier ziehen wir einen Schlussstrich, das wollen wir nicht für unsere Kinder. Lasst uns Wege finden, um dem Bildungssystem wieder mehr Herzensqualität zu geben."

Eckhart Tolle ist im Bereich Bildung und Erziehung sehr engagiert und möchte ihm eine neue Richtung geben. In den vergangenen Jahren hat er seine Vorträge und Gespräche für Eckhart Tolle TV ausgeweitet, indem er in Dialog mit Wissenschaftlern, Künstlern, Kollegen und anderen Menschen getreten ist und ihnen eine Plattform bietet, damit sie ihre Vision einer breiteren Öffentlichkeit vorstellen können. Der Dialog mit dem bereits erwähnten Sir Ken Robinson, Autor, Sprecher und Berater im Bereich Bildung und Kreativität, ist besonders interessant. Neben dem inspirierenden Inhalt des Dialogs ist die intensive Freundschaft zwischen den beiden Männern spürbar. Sie äußert sich im tiefen, gegenseitigen Respekt und der Freude an dem Wissen, den Einsichten und dem Witz des anderen. *Wie* sie miteinander sprechen ist letztlich genauso inspirierend wie das, *was* sie sagen. Die große Aufgabe der Bildung liegt darin, mit Inspiration und Enthusiasmus Wissen zu vermitteln, denn das ist es, was in den Köpfen der Kinder hängen bleibt. Dadurch werden sie inspiriert und motiviert zu lernen. Inspirierte Lehrer können eine Erziehung „mit Herz" bieten, wir erinnern uns noch viele Jahre lang an sie und mit ihnen auch an das, was wir von ihnen gelernt haben. In jeder Schule gibt es mindestens eine Lehrkraft, die sich uns aufgrund ihrer anderen, kreativen und leidenschaftlichen Art des Lehrens für den Rest unseres Lebens in unser Gedächtnis eingebrannt hat. Für den einen ist es der Lehrer, der nach der Schule Handball unterrichtete, für den anderen ist es der Lehrer, der wunderbare Geschichten erzählen konnte, oder der, der den Unterricht jeden Morgen mit einem Musikstück begann und allen das Singen beibrachte, oder der, der nachmittags Werkunterricht anbot, in dem man das Flechten mit Rattan, das Arbeiten mit Ton, Malen, Maskenbau oder Ähnliches lernen konnte. Bei mir war es mein Lehrer Jan Muller, der nur eine Mission hatte: uns Kinder zum Lesen zu bringen. Obwohl ich seiner Meinung nach nicht unbedingt zur Gruppe der ehrgeizigen Leser gehörte, schaffte er es dennoch, mich davon zu überzeugen – zu seiner eigenen Überraschung und zu meiner großen Freude. Mich hatte die Lektüre eines Buches sehr begeistert, obwohl ich nicht das Geringste vom Inhalt verstanden hatte. Etwas verwirrt erzählte ich daraufhin meinem Lehrer: „Jan, ich habe ein unglaubliches Buch gelesen! Allerdings gibt es da ein Problem – ich habe nichts verstanden." Daraufhin sagte er mit einem breiten Grinsen etwas ausgesprochen Nettes: „Das ist eigentlich gar nicht so wichtig." Für mich als mittelmäßigen Schüler war das eine magische, befreiende Aussage. Sicherlich kennt jeder einen solchen Lehrer, der auf seine ureigene Art Licht in das Leben seines Schülers gebracht hat.

Zurück zu Ken Robinson, der in seinen Gesprächen mit Tolle über sein Lieblingsthema redet, nämlich den Mangel an Kreativität im Bildungssystem, der dazu führt, dass kindliche Impulse eher ausgelöscht als gestärkt werden. Robinson ist der Meinung, dass Kreativität für die Entwicklung der Kinder unerlässlich ist, da sie es ihnen erlaubt, in ihrem Reifungsprozess zum Erwachsenen eine Verbindung zu dem zu finden, wer sie wirklich sind und was sie wirklich gut können. Das zu tun, worin du „gut" bist, entfacht deine Begeisterung, macht dich schöpferisch und glücklich. Diese selbstbejahende Energie lässt dich intensiver spüren, wer du bist. Die Kreativität ist ein wunderbares Instrument, um deine Inspiration zu finden, oder wie Robinson es formuliert: „Finde dein Element."

Es scheint, als ob der „altmodische" Sportunterricht fast völlig aus dem Erziehungssystem verschwunden ist. Wie können wir erwarten, dass unsere Kinder tanzen, sich bewegen, ein Körpergefühl entwickeln und verstehen, wie ihr Körper funktioniert, wenn wir sie nicht dazu motivieren,

ihren Körper in der Bewegung, in seinen vielen Funktionen und Empfindungen kennen zu lernen? Wie können sie sich mit dem inneren Körper verbinden, wenn sie sich nicht einmal ihres physischen Körpers bewusst sind und lediglich ihren Kopf mit Wissen vollstopfen? Es ist ein Muss, dass wir Schulkindern Sportunterricht anbieten, damit sie erkennen und verstehen können, wer sie sind und wie sie sich bewegen. Sie sollen in Wort und Tat entdecken, was sie begeistert.
Eckhart Tolle hat einen Beitrag dazu geleistet, indem er 2008 zusammen mit dem Koautor Robert S. Friedman und dem Buchillustrator Frank Riccio ein Kinderbuch entworfen hat. Darin gibt Tolle eine Anleitung sowohl für Eltern als auch für Kinder, die aufzeigt, wie man mit einem der am schnellsten wachsenden und nur schwer zu kontrollierenden Auswüchse eines Bildungssystems, das auf das „erfundene Selbst" abzielt, zurechtkommt: das Mobbing. Mobbing ist eine Folgeerscheinung des unilateralen Gehirntrainings, des einseitigen Denkens in Gegensätzen: Wir lernen zwischen groß und klein, schön und hässlich, gut und schlecht, glücklich und traurig, Erfolg und Niederlage, Leistungsmensch und Versager, klug und dumm zu unterscheiden, verbunden mit einem Wertesystem, das uns das Ziel vermittelt, ein schöner, großer, braver, zufriedener, erfolgreicher, leistungsstarker und intelligenter Mensch werden zu müssen – im Rat Race. Im Kinder- und Jugendbuch *Miltons Geheimnis* hat Tolle die Botschaft aus *Jetzt!* für Kinder verständlich „übersetzt". Das Buch beschreibt in wunderschönen Bildern, wie der gemobbte Pepijn zu seiner inneren Stärke und seinen Möglichkeiten findet. Er entdeckt, was er braucht, um sein Leben im Jetzt zu leben: Aufmerksamkeit,

Verständnis und Verbindung zum Leben. Im Kontakt mit sich selbst, betritt er die äußere Welt aus einer inneren Kraft heraus und das verändert sein Weltbild. Damit hat er buchstäblich eine Lösung für die Mobbingsituation gefunden, denn wenn man sich selbst ändert, ändert sich auch die Einstellung des Mobbers. Pepijns innere Kraft wächst und entzieht dem Mobber die Gelegenheit und den Raum, um weiter zu mobben.

„Umarme das Jetzt, folge seinem Lebensstrom und bewege dich", ist das Motto von *Tolles Tierleben*, einem weiteren Buch, welches Tolle zusammen mit dem Illustrator Patrick McDonnell 2009 herausgebracht hat. Da Tiere nicht die Fähigkeit haben zu denken wie wir Menschen, sind sie nicht mit einem „erfundenen Selbst" belastet. Nach Tolle fühlen wir uns mit Tieren nicht nur durch unsere Zuneigung verbunden, sondern auch durch ein spirituelles Band, mit dessen Hilfe sie uns davor bewahren, uns vollkommen in unseren Gedanken zu verlieren. Wenn wir uns in unserem Lieblingszeitvertreib verlieren, im endlosen Gedankenkarussell, im Beklagen, Meckern, Träumen, Hoffen, im Denken und Nachsinnen, meistens in Bezug auf unsere Vergangenheit oder unsere Zukunft, gibt es immer einen Hund, eine Katze oder ein Meerschweinchen, das uns wieder in den gegenwärtigen Moment zurückholen kann. Das Tier erinnert uns daran, wie einfach das Sein ist. Es ist der Hüter unseres Seins. Dieser ursprüngliche Zustand der Verbundenheit mit dem Sein ist es, den wir mit den Tieren gemeinsam haben. Im Kontakt mit einem Tier kommen wir wieder in Verbindung mit der lebendigen und einfachen Grundlage in uns selbst: mit dem Sein. Die einzige Ausnahme betrifft all jene Haustiere, die bereits so lange mit ihrem Besitzer zusammenleben, dass sie ihm in allem ähnlich geworden sind. Sie werden genauso verdorben wie ihre Besitzer, die Verbindung zum Sein ist verloren gegangen – und mit ihr möglicherweise auch alle Hoffnung.

Vor kurzem beobachtete ich einen blinden Mann, der mitten auf der Straße ging und mit seinem Blindenhund schimpfte, während die Autos versuchten, die beiden vorsichtig zu umfahren. Eine Frau stieg von ihrem Fahrrad ab, lehnte es an einen Baum und ging auf den Mann und seinen Hund zu, um die Situation zu klären. Mit seiner linken Hand zog der Mann heftig an der Leine, mit der anderen fuchtelte er wild mit seinem Stock in der Luft herum, so dass die Frau sich ducken musste, um zu ihm zu gelangen. Der Hund hatte seinen Schwanz eingezogen und seine Ohren angelegt. Gerade als die Frau näher kam, knickten die Hinterbeine des Hundes ein und er hinterließ eine große Pfütze auf der Straße. Das Tier verkörperte quasi den Zustand des Mannes: „Was ist bloß in mich gefahren?"

Entsetzt über seinen Hund, griff der Mann die Leine noch fester und schrie sich die Kehle wund. „Aber mein Herr, was ist denn nur los mit Ihnen?", fragte die Dame verständlicherweise ebenso energisch. Er erschrak über die plötzliche Nähe der Stimme, drehte sich in ihre Richtung und knurrte: „Was mit mir los ist, was mit mir los ist? ... Es ist wohl eher mein verdammter Hund, mit dem was los ist!"

Diese Geschichte entspricht nicht ganz dem Bild, das den Abschluss von *Tolles Tierleben* bildet. Dort trägt der Besitzer seinen Hund am Strand entlang, indem er ihn liebevoll an seine Brust drückt und damit zeigt, wie der

Mensch durch die Gegenwart des Tieres eine tiefe Verbindung empfindet oder „wie der Mensch den Schöpfer im Geschöpf liebt“. Die Geschichte vom Blindenhund und seinem Besitzer ist eine Parabel für das Chaos, das wir in uns selbst in Situationen anrichten, in denen uns zwar die richtige Richtung gezeigt wird, wir jedoch blind gegenüber unserem Verhalten sind. Es ist ein Segen, wenn du das Chaos der Negativität erkennst, wenn du die Spannung in deinem Körper spürst, die Eskalation deiner Emotionen und den Gedankenstrom, der dich überflutet. Dann wirst du nicht mehr einfach von diesem chaotischen Strom davongetragen. Du erkennst, dass das Leben genauso wie in der Geschichte bereits eine Lösung bereithält: In diesem Fall kommt dir jemand zu Hilfe, der im wahrsten Sinne des Wortes den besseren Überblick hat.

Außer Bücher zu schreiben und Vorträge zu halten besucht Tolle auch Firmen, um den Mitarbeitern *Jetzt!* und *Eine neue Erde* vorzustellen. Weil er seine Botschaft sehr klar und einfach ausdrücken kann, ohne dass er sie sich ausdenken muss, kann er sich mit dem Sein eines jeden Menschen zu jeder Zeit verbinden. In jeder Situation trifft er mühelos den richtigen Ton, der zu der jeweiligen Gruppe von Menschen passt. Er hielt beispielsweise einen inspirierenden Vortrag vor Mitarbeitern von Google, in dem er über die allgemeine Vermittlung von Informationen sprach, wobei er sich auf den einzelnen Menschen konzentrierte. Es ging dabei vor allem um die Art und Weise, wie wir mit Informationen umgehen, und weniger um deren Inhalt. Unsere Kultur der Nachrichten rund um die Uhr, in der jeder möglichst der Erste in der

Berichterstattung sein will, stellt eine andauernde Bombardierung mit Informationen über Menschen dar, denen es besser oder schlechter geht als uns. Es ist vor allem unser Schmerzkörper, der besonders an diesen Nachrichten interessiert ist. Sie sind Nahrung für ihn, weshalb er uns wieder und wieder dazu bringt, uns dieses Leid anzuschauen. Es mag unheimlich klingen, aber die neueste Berichterstattung über grauenhafte, schmerzhafte Ereignisse ist ein Festmahl für den Schmerzkörper. Dabei kann man in Bezug auf Nachrichtensendungen bei genauer Betrachtung eigentlich gar nicht von „Neuigkeiten" sprechen, denn über etwas wirklich Neues wird selten berichtet.

Tolle hatte bei Google die Gelegenheit, seine Vision mit den Mitarbeitern zu teilen, seinen Auftritt aufzuzeichnen und über YouTube zu verbreiten. Das ist ein gutes Beispiel für das gesteigerte Interesse und die Bereitschaft von Unternehmen, Zeit und Raum zur Verfügung zu stellen, um sich mit Tolles Botschaft auseinanderzusetzen: Bleib stehen ... ohne Nachrichten ... einfach nur Stille. Stell dir Folgendes vor: „Guten Abend, liebe Zuschauer, hier sind die Acht-Uhr-Nachrichten vom 18. Oktober. Heute gibt es keine Neuigkeiten. Einen schönen Abend." Dann Stille – 15 Minuten lang. Stell dir das mal vor! Für einen Augenblick keine Informationen. Nichts. Stattdessen Raum für Stille ...

Tolle ist der Raum für Stille äußerst wichtig und er weist bei jeder Gelegenheit darauf hin. Es war witzig, die leicht verzweifelte Oprah Winfrey zu erleben, als 2008 der erste einer Serie von Dialogen über *Eine neue Erde* gesendet werden sollte, und Tolle die Show mit ein paar Minuten Stille einleiten wollte. Ein paar Minuten absoluter Stille im Fernsehen ist unendlich langweilig und tödlich in puncto Einschaltquoten. Auch wenn man die Kameraeinstellungen zehn Mal verändert, wird der Zuschauer automatisch anfangen zu zappen: Es passiert nichts = nein = weg damit. Die Stille mit Oprah wurde also verkürzt, aber die ganze Serie und in kürzester Zeit auch die nachfolgenden Aktivitäten verhalfen Tolle zu einem enormen Bekanntheitsgrad, besonders in der Leserschaft. Es war sein internationaler Durchbruch als „Bestsellerautor" und „spiritueller Lehrer". Er ist nicht sonderlich glücklich über diesen Status, da er es liebt, anonym mit seiner Kamera herumzulaufen und Bilder zu machen oder in aller Stille einen Kaffee bei Starbucks zu trinken. Bliebe er unerkannt, müsste er sich nicht wiederholt mit irgendjemandem fotografieren oder sich von seinen verblüfften Fans vorwerfen lassen, dass ein so berühmter spiritueller Lehrer „einfach Kaffee trinke." Wir haben doch tatsächlich immer eine Vorstellung von allem und jedem parat! In absoluter Stille einen Kaffee zu trinken und dabei Menschen zu beobachten, ist eine von Tolles Lieblingsbeschäftigungen. Er sagt von sich selbst, dass er von Natur aus sehr viel passiver sei, als es seine derzeitigen Aktivitäten vermuten lassen. Er verbringt viele Stunden einfach in Stille sitzend oder geht spazieren.

2003 schrieb Tolle das Buch *Stille spricht. Wahres Sein berühren*, eine Ode an die Stille: „Wenn du die Berührung mit der inneren Stille verlierst, verlierst du den Kontakt mit dir selbst. Wenn du den Kontakt mit dir selbst verlierst, verlierst du dich in der Welt. Das innerste Selbstgefühl, das Gefühl dessen, der du bist, ist untrennbar mit Stille verbunden. Das ist das ‚Ich bin', das tiefer ist als Namen und Formen." (*Stille spricht, Arkana*)

Zusammen mit dem Buch *Die Einheit allen Lebens*, das 2008 veröffentlicht wurde, bildet *Stille spricht* das Herz des inneren Körpers der Lehren Eckhart Tolles. Beide Bücher kommen ohne viele Erklärungen oder theoretische Abhandlungen aus. Sie beziehen sich ohne große Umschweife direkt auf die inspirierende Essenz seiner Lehren. Du kannst diese Bücher nicht wie andere sozusagen von der ersten bis zur letzten Seite verschlingen. Du lässt sie vielmehr wie eine frische, reife Feige im Munde zergehen, fühlst sie wie die ersten warmen Sonnenstrahlen des Frühlings auf deiner Haut, hörst sie wie den Gesang der Lerche oder nimmst sie wahr wie das allmähliche Erblühen rosafarbener Weißdornknospen. Mit allen deinen Sinnen liest du eine Passage möglichst dort, wo du *Stille spricht* oder *Die Einheit allen Lebens* zufällig aufgeschlagen hast. Du nimmst höchstens zehn, fünfzehn oder auch zwanzig Zeilen auf und beobachtest, ob die Worte etwas in dir zum Schwingen bringen. Spürst du eine Resonanz, dann kommt diese aus der gleichen Quelle, aus der die Worte kamen und aufgeschrieben wurden: aus dem erwachten, neuen Bewusstsein, nicht aus der horizontalen, sondern der vertikalen Dimension. Du kannst die Flamme dieses neuen Bewusstseins in dir weiter anfachen, indem du dich immer wieder mit seiner Frequenz verbindest. Du kannst mit dem in Resonanz gehen, was dir Eckhart Tolle als Frequenzerhalter des neuen Bewusstseins anbietet. Manchmal tritt die Frequenz in klarer, reiner Form auf, manchmal gibt es Nebengeräusche in der Leitung. Manchmal reicht es, einen Satz oder einen Abschnitt zu lesen, manchmal scheint es, als ob du den Kontakt völlig verloren hast. Es ist ein dauerhaftes Üben, allein, individuell, mit jemandem zusammen und in Gruppen, besonders im Alltagsleben, d. h. im Supermarkt, auf dem Spielplatz, bei der Arbeit, beim Autofahren, mit der Familie, mit Bekannten, Freunden, Verwandten. Dort bieten sich wunderbare Lebenssituationen, in denen man immer wieder Kontakt zu seinem inneren Körper und dem erwachenden, neuen Bewusstsein suchen kann. Das neue Bewusstsein ist Leben, Stille, der Atem, Energie, Bewegung. Es hat keine Form, du kannst es nicht machen oder haben – du kannst es einfach nur sein. In *Die Einheit allen Lebens* heißt es: „Das innere Ziel unseres Lebens besteht darin, zu erwachen. So einfach ist das. Dieses Ziel haben wir mit allen anderen Menschen auf dieser Erde gemeinsam – es ist Sinn und Zweck der ganzen Menschheit. Das innere Ziel unseres Lebens ist essenzieller Bestandteil des Ziels, das das Ganze hat – das Universum und seine sich entfaltende Intelligenz. Die äußere Zielsetzung kann sich im Lauf der Zeit verändern. Sie ist von Mensch zu Mensch sehr verschieden. Aber ein inneres Ziel zu haben und sich nach ihm zu richten ist der Grundstein zur Verwirklichung des äußeren Ziels. Es ist die Grundlage wahren Erfolgs." (*Die Einheit allen Lebens, Arkana*)

Die Form, in der Tolle sein Buch *Stille spricht* geschrieben hat, greift auf die alte Form der Überlieferung spiritueller Lehren zurück: auf die Sutras aus dem alten Indien. Sutras sind wirkungsvolle Wegweiser in Form von Aphorismen oder Merksätzen. Sie verwenden nur wenige begriffliche Exkurse, um den denkenden Geist möglichst nicht zu belasten. Die Aussage „Stille spricht" ist ein gutes Beispiel für einen solchen Aphorismus. In diesem

Buch begleite ich dich, lieber Leser, von Buch zu Buch, von Konzept zu Konzept, von Bildnis zu Bildnis, und das mit unterschiedlichen Ausdrücken. Die Aussage „Stille spricht“ fasst sowohl den Inhalt dieses Buches als auch Tolles gesamtes Werk zusammen. Wenn du die Identifikation mit deinem „erfundenen Selbst“ aufgibst, mit deiner Vergangenheit, deiner Zukunft, mit deinen Vorstellungen, deinem Körper und deinem Namen und dich der Tiefe des Jetzt hingibst, dann gibst du dich auch der Stille hin. In der Stille gibt es kein Hören oder Gehörtwerden, vielmehr: „Was für das Auge unsichtbar ist, wodurch das Auge sieht, erkenne das als Brahman – doch nicht das, was man hier verehrt!“ (*zitiert aus den Upanishaden in Eine neue Erde, Arkana*). In der Stille spricht die wahre Kreativität des Lebens, des Bewusstseins.
Wenn du *Stille spricht* liest, wirst du ruhig. Aus welcher Quelle steigen diese Worte auf? Aus der Stille. Worauf beziehen sich diese Worte? Auf die Stille. Welchen Inhalt haben diese Worte? Stille. Was bewirken diese Worte? Stille. Alles hat die gleiche Frequenz: die Frequenz der Stille. Es gibt nichts mehr zu tun, du ruhst in der Stille, du bist Stille.
Lasst uns noch einmal in das Tor des Jetzt treten und jedes Zögern wahrnehmen. Ignorieren wir es dann und treten wir hindurch, treten wir noch einmal aus der Höhle und gewöhnen uns langsam mit großer Neugier und offenen Sinnen an das Licht. Haben sich unsere Augen daran gewöhnt, dann lasst uns alles um uns herum hören, schmecken, fühlen und riechen, ohne wissen zu müssen, wie es heißt, was es ist oder wozu es dient. Erlauben wir uns als Erwachsener mit der Neugier und Offenheit eines Kindes in diese Welt, die in *Stille spricht* beschrieben wird,

einzutreten. Unser Erleben dessen, was wir sehen, hören, schmecken, fühlen und riechen, geschieht durch unsere natürliche Sinneswahrnehmung. Und wer ist dieses „Du"? Ist es Evert van de Ven, dreiundfünfzig Jahre alt, verheiratet mit Caroline, drei Töchter, Bewusstseinstrainer, Autor, Musikliebhaber, Denker in Metaphern, Tennisspieler und Venedig-Fan? Keineswegs! Das haben wir in diesem Buch bereits angesprochen, das alles bin ich nicht – es ist nur das, was ich tue oder habe. Aber wer ist dann dieses „Du", wer bin „Ich"? Wer ist es, der erlebt? Du! Und wer bist „Du"? Bewusstsein! Und wer bin „Ich"? Bewusstsein! Und was ist Bewusstsein? Diese Frage lässt sich nicht beantworten. Es gibt dazu keine verbale Antwort, es gibt nur eine Antwort in Form einer Erfahrung. Dein brillanter Kopf kann es nicht wissen, aber dein wunderbarer Körper kann es erleben.

Versuche nicht, es zu verstehen, versuche vielmehr, es zu erleben, versuche, die Existenz des Unbenennbaren zu erahnen, versuche, sie zu erspüren. Stell dir vor, wie du deine Aufmerksamkeit auf deine Füße richtest, dann auf deine Hände und dann auf dein Gesicht. Deine Aufmerksamkeit jeweils dorthin zu lenken ist wie mit einer Taschenlampe erst auf deine Füße, dann die Hände und dann das Gesicht zu leuchten. Du machst Folgendes mit deiner Aufmerksamkeit: Das, worauf du deine Aufmerksamkeit richtest, wird gewissermaßen erleuchtet. Wenn du anschließend deine Aufmerksamkeit auf deine Aufmerksamkeit richtest, geschieht etwas, das nur sehr schwer in Worte zu fassen ist. Während du dich auf deine Füße, Hände und dein Gesicht konzentrierst, gibt es einen weiteren klaren Bereich, auf den du deine Aufmerksamkeit richten kannst – deine Aufmerksamkeit ist dann dort. In dem Augenblick aber, in dem du deine Aufmerksamkeit auf deine Aufmerksamkeit richtest, fällt der Lichtkegel der Taschenlampe in sich zusammen – und ist das Licht, das im Licht scheint. Dadurch, dass es keinen Kontrast gibt, siehst du jedoch nur einen Lichtkreis. Du bist jenseits der Dualität: Die Aufmerksamkeit, die die Aufmerksamkeit beobachtet, Bewusstsein, das sich seiner selbst bewusst ist – alles ist eins und eins ist alles. Möglicherweise wirst du diesen Augenblick, in dem sich die Aufmerksamkeit auf die Aufmerksamkeit richtet oder das Bewusstsein sich seiner Präsenz bewusst wird, als ein seltsames, undefinierbares Gefühl in der Bauchgegend oder im Kopf erfahren. So als würde dein Verstand versuchen, etwas zu erfassen, von dem dein Bauch spürt, dass es da ist, das aber in keinerlei Weise begriffen werden kann. Du spürst, dass da etwas ist, aber weder deine Hände noch dein Intellekt können es erfassen. Einige Menschen beschreiben diesen Moment als ein tiefes Empfinden von Raum, als das Gefühl, grenzenlos zu sein, sich aufzulösen. Tolle beschreibt es folgendermaßen: „Ich habe lange Phasen lebensmüder Depression durchgemacht. Als ich neunundzwanzig Jahre alt war, wachte ich wieder einmal nachts auf und hörte mich sagen, dass es so nicht weitergehen kann: ‚Ich kann mit mir selbst so nicht weiterleben.' Dieser Gedanke fand eine Resonanz in mir und ich empfand ihn als etwas sehr Merkwürdiges, dieses ‚Ich kann mit mir selbst so nicht weiterleben'. Was um Himmels willen war diese Sache mit dem ‚Ich' und dem ‚Selbst'? Gibt es tatsächlich zwei Versionen von mir, das ‚Ich' und das ‚Selbst'? Und welches von denen bin ich wirklich? Wer ist das ‚Ich', das nicht mit meinem ‚Selbst' weiterleben kann? Was ist dieses ‚Selbst'? Ich spürte, wie ich in eine Leere gesaugt wurde! Ich wusste in dem Augenblick nicht, wie mir geschah, aber später erkannte ich, dass mein ‚Selbst' von mir konstruiert war, mit all der Schwere und den Problemen, ständig pendelnd zwischen der Unzufriedenheit in Bezug auf die Vergangenheit und der Angst vor der Zukunft. Es brach plötzlich zusammen. Es löste sich auf. Ich wachte am nächsten Morgen auf und alles war außergewöhnlich friedvoll." (*Rotterdam Vortrag, Nov. 2013*)

Andere beschreiben diese Erfahrung als ein „Fallen". Das kann in dem Moment passieren, in dem du die horizontale Dimension verlässt: Du fällst in die vertikale Dimension. Es passiert das, was du nie für möglich gehalten hast: Dein Denken lockert seinen Griff, das „erfundene Selbst" bricht auf und die Lebensenergie strömt förmlich aus allen Rissen heraus. Der von Ast zu Ast schwingende Affe deines Verstandes kann sich an nichts mehr festhalten und du begibst dich in einen scheinbar endlosen Fall. Du stürzt in die Tiefe. Du bewegst dich vorwärts, seitwärts, rückwärts, und du versuchst dich in der Dunkelheit irgendwo festzuhalten. Es hat auch etwas Aufregendes, als ob du Achterbahn fahren würdest. Gibt es noch ein Oben oder Unten? In welche Richtung bewegst du dich? Du weißt es nicht. Du fällst und hast keine Richtung, keinen Halt und keinen Boden unter deinen Füßen. Es gibt weder einen Rand noch eine Mitte, oder die Mitte ist überall und es gibt keine Begrenzung. Du bewegst dich von Nirgendwo nach Nirgendwo. Du fragst dich, wer oder was sich eigentlich bewegt: du, die Umgebung oder beides. Du erlebst, wider besseres Wissen, wie deine Hände automatisch nach etwas greifen, verzweifelt und machtlos nach einem Halt in der dünnen Luft suchen, sich öffnen und schließen wie das Maul eines Fisches an Land. Der Apfel fällt hoch. Die Vase fällt zu Boden, ohne zu zerbrechen. Die Sonne geht in aller Pracht im Osten unter. Du spürst nur noch Panik, dein Körper erstarrt, deine Atmung stockt, die Augen suchen nervös nach einem Fixpunkt in der Dunkelheit und du zermarterst dir das Hirn in deinem brillanten Kopf mit der Frage, was um alles in der Welt nur mit dir los ist. Du weißt es nicht, weil du es nicht wissen kannst, da es jenseits des Wissens ist, es ist sogar jenseits des Nicht-Wissens, es ist schlicht nicht fassbar. Das alte Bewusstsein deines „erfundenen Selbst" fällt in sich zusammen.

Durch eine solche Erfahrung bemerken manche Menschen, dass Aufmerksamkeit nicht nur etwas ist, das sich in ihnen selbst befindet, sondern gleichzeitig auch außerhalb; sie ist überall gegenwärtig. Eine Frau formulierte es einmal so: „Bis zu dem Zeitpunkt, an dem ich anfing, die Aufmerksamkeit auf mich selbst zu richten, erschien sie mir als Teil von mir, zumal ich bemerkte, dass ich ‚meine' Aufmerksamkeit kontrollieren und lenken konnte. Als ich die Aufmerksamkeit auf die Aufmerksamkeit richtete, schien ich zu verschwinden und mich in einer omnipräsenten Aufmerksamkeit aufzulösen. Ich konnte mich in meiner Ganzheit wahrnehmen und gleichzeitig auch alles um mich herum. Ich hätte nicht sagen können, wer oder was ‚Ich' in dem Moment war, aber ich erlebte das ‚Ich' mehr als jemals zuvor ... wie seltsam das auch klingen mag." Manche Menschen haben mit Drogen experimentiert, jedoch ohne Nebenwirkungen oder Nachwirkungen zu spüren. Auch Tolle hat ein- oder zweimal Drogen ausprobiert, um herauszufinden, ob es irgendwelche Ähnlichkeiten gibt. Er war sich jedoch nicht sicher, ob das wirklich der Fall war, also ließ er von diesem Experiment wieder ab.

„Das Subjekt, das Ich, der Wissende, ohne den es kein Wissen, kein Beobachten, kein Denken, Schmecken, Riechen, Hören oder Fühlen geben kann, muss selbst unfassbar bleiben. Das ist so, weil es keine Form hat. Nur Form ist erkennbar, und dennoch kann die Welt nicht ohne formlose Dimension existieren. Das ist der leuchtende Raum, in dem die Welt aufsteigt und wieder versinkt. Dieser Raum ist das Leben, das Ich Bin. Er ist zeitlos. Ich Bin zeitlos, ewig.“ (*Evert van de Ven, Het Kompas - Ankh Hermes*)

Dein physischer Körper, dein emotionaler Körper oder dein Verstand sind Formen, die du beobachten kannst, eine leichter als die andere, aber du kannst sie betrachten und dich mit ihnen identifizieren. Das ist die Welt des Habens und Tuns. Ihr steht die Welt ohne Formen, die der Stille und des Seins gegenüber

Das Sein hat keine weltliche Sprache. Vielleicht kann die Lyrik es wiedergeben. Doch das Sein ist ein Mysterium, das nicht interpretiert werden kann. Wie aufmerksam du auch den bisherigen Worten gefolgt bist, es kommt der Augenblick, in dem du aus der Welt der Sprache und der Interpretation in die Welt des Nicht-Denkens fällst. Indem du dich dem Nicht-Denken hingibst, löst du dich auf, wirst porös, durchlässig und flüssig. Du kannst das Sein erfahren, jedoch nicht darüber nachdenken, weil es nichts ist, mit dem du dich identifizieren kannst. In dem Moment, in dem du anfängst zu denken und das Denken die Oberhand gewinnt, hast du die Verbindung zum Sein bereits verloren. Wenn du mit Denken anfängst und

immer weiter und weiter denkst, wirst du dem Sein keinen Schritt näher kommen. Das Denken hält dich im Kopf gefangen, trennt deine Verbindung zum anderen, errichtet einen Zaun um deine Einpersoneninsel und verbindet dich wieder mit deinem „erfundenen Selbst". Die nächste Station auf deinem Lebensweg könnte dann das „Ich kann mit mir selbst so nicht weiterleben" sein – einfach so.
Es ist wie mit den Menschen, die ihr Leben damit verbringen umherzuwandern, zu warten und mit dem Wächter vor dem Tor zu schimpfen, und wenn sie langsam den kalten Hauch des Todes spüren, fällt ihnen eine letzte brillante Frage ein. Sie wenden sich also an den Wächter und fragen: „Warum ist in all den Jahren denn niemand durch das Tor gegangen?" „Nun", schreit der Wächter ihnen ins Ohr, da sie bereits schwerhörig geworden sind, „nun, das liegt daran, dass kein anderer Mensch hier durchgehen darf, das Tor ist nur für euch bestimmt. Es darf kein anderer Mensch außer euch durch das Tor. Und Jetzt, da euer Körper und euer Geist zu schwach geworden sind, um diesen Schritt zu tun, schließe ich das Tor."
„Der Raum der Aufmerksamkeit, die sich auf die Aufmerksamkeit konzentriert" oder „der Raum des Ich Bin" oder „der Raum im Tor des Jetzt" oder „der Raum außerhalb der Höhle" oder „der Raum der bleibenden Präsenz" – so nennt Tolle diesen immer gleich bleibenden Raum – wird als Sein, als ruhig, zufrieden, liebevoll, glückselig, still, unkompliziert und mit allem und jedem verbunden erlebt. In diesem Raum herrscht Ruhe, Staunen, Klarheit, Offenheit, Energie und liebevolles Sein. Genauso wie bei Eckhart Tolle, der auf seinem Stuhl sitzt und seinen Vortrag hält. Es ist das erwachende, neue Bewusstsein, das durch ihn spricht und damit seine Form erhält.

Beobachten. Spüren. Sehen. Präsent sein beim Schauen. Das Sein manifestiert sich in all seiner Herrlichkeit, wenn du frei bist vom Tun, wenn du nichts tust oder nicht „nichts tust". Die ursprüngliche Frage „Was inspiriert mich?", mit der wir dieses Buch eingeleitet haben und die in jedem Moment in dir gegenwärtig ist, hast du vermutlich bereits beantwortet, indem du etwas getan hast. „Wenn ich dieses oder jenes tue oder diese oder jene Form annehme, dann habe ich das Recht, hier zu sein!" Das tiefe Verlangen eines jeden Kindes und eines jeden Menschen liegt darin, in Liebe anerkannt zu werden, und zwar nicht auf der Ebene des „Tuns", sondern auf der Ebene des „Seins", also als menschliches Wesen („human being") und nicht auf der Grundlage menschlichen Tuns („human doing").
In *Stille spricht* sagt uns Tolle noch etwas anderes: „Für die meisten Dinge brauchst du Zeit: um eine neue Fähigkeit zu erlernen, ein Haus zu bauen, ein Experte zu werden, eine Tasse Tee zu machen. Für das Wesentlichste im Leben, für die eine entscheidende Sache ist Zeit hingegen nutzlos: für die Selbsterkenntnis, die Erkenntnis, wer du jenseits des oberflächlichen Selbst bist, jenseits des Namens, der physischen Erscheinung, des familiären Hintergrunds, der Lebensgeschichte. Du wirst nicht in der Vergangenheit oder Zukunft zu dir selbst finden. Der einzige Ort, wo du zu dir selbst finden kannst, ist das Jetzt." (*Stille spricht, Arkana*)

Im vorangegangenen Kapitel habe ich beschrieben, wie wir die Verbindung mit der „Istheit" des Jetzt im gegenwärtigen Moment herstellen können, um von dort aus zu agieren und unsere Taten in Übereinstimmung mit unseren Zielen zu bringen. Es ist das Verlangen nach einer Richtung im Leben. Und wie bestimme ich diese Richtung? Es ist so, wie sich auf einen Punkt am Horizont zu konzentrieren, wie unerfahrene Segler sich einen Punkt an Land suchen, um darauf zuzusteuern. Du bestimmst die Richtung, weil du Jetzt in dir die Entscheidung getroffen hast, welches Ziel du anpeilen willst, und damit, was du Jetzt in diesem Augenblick tun willst, um dich in seine Richtung zu bewegen. Der Punkt am Horizont steht für die übergeordnete Perspektive dessen, was du in der Zukunft erreichen willst. Indem du dich dauerhaft auf deinen inneren Körper im gegenwärtigen Moment einlässt und dich der „Istheit" des Jetzt hingibst, kannst du bestimmen, welchen kleinen Schritt du für diesen gegenwärtigen Moment tun willst. Der Raum wird weiter existieren. Während jeder kleine Schritt von dem fernen Punkt am Horizont bestimmt wird, können die Erfahrungen deiner kleinen Schritte auch zu der Wahl anderer Punkte am Horizont führen. Letztendlich geht es darum, dich dynamisch darauf einzustellen, was du in diesem Moment mit Herz und Seele und mit dem Blick auf den Punkt am Horizont tun willst. Ich werde dieses Buch Jetzt aus dem Verlangen heraus schreiben, einen Beitrag zur Entwicklung eines neuen Bewusstseins zu leisten.

7
DIE MACHT DER LIEBE

Zum Abschluss meiner Einführung zu Eckhart Tolle hier nun noch einige Gedanken über Liebesbeziehungen. Tolle verwendet das Wort Liebe kaum. Seiner Ansicht nach wird es viel zu häufig gebraucht, mit wenig Achtsamkeit und oftmals aus Ignoranz. Aus diesem Grund hat es an Bedeutung verloren und kann zu Missverständnissen führen. Das betrifft auch andere Wörter, die wir ständig verwenden, wie Gott, Ego, Leiden, Glück und Intelligenz. Die Domäne der Liebe ist mit allen möglichen Erwartungen, Erfahrungen, Enttäuschungen, Bildern und Vorstellungen überfrachtet. Wir haben eine ungeheure Sehnsucht nach Liebe und dennoch kennen wir sie kaum. Deshalb ist es manchmal so kompliziert, sie zu erkennen.

Wenn wir über die Liebe sprechen, dann hinterfragen wir uns immer selbst. In jeder Begegnung, egal wie kurz oder lang, begegnen wir uns selbst. Tolle schreibt in *Stille spricht* dazu: „Kannst du jemanden, dem du begegnest, und sei es nur flüchtig, in seinem Wesen würdigen, indem du ihm deine volle Aufmerksamkeit schenkst? Oder reduzierst du ihn auf seinen Nutzen für dich, auf eine bloße Funktion oder Rolle, auf ein Mittel zum Zweck? Welcher Art ist deine Beziehung zur Kassiererin im Supermarkt, zum Parkwächter, zum Kfz-Mechaniker, zum Kunden? Ein Augenblick voller Aufmerksamkeit genügt. Während du den anderen anschaust oder ihm zuhörst, herrscht eine wache Stille – vielleicht nur zwei, drei Sekunden lang, vielleicht auch länger. Das reicht aus, um etwas Wirklicheres aufscheinen zu lassen als die Rolle, die wir für gewöhnlich spielen und mit der wir uns identifizieren. Alle Rollen gehören zum konditionierten Bewusstsein, das den menschlichen Geist prägt. Das, was beim

Aufmerksamsein zum Vorschein kommt, ist das Unkonditionierte – das, was du jenseits von Name und Form deinem Wesen nach bist. Dann handelst du nicht länger wie nach einem Drehbuch; du wirst wirklich. Wenn diese Dimension sich in dir öffnet, eröffnet sie sich dir auch in dem anderen Menschen. Natürlich gibt es letztendlich niemand anderen – du begegnest immer nur dir selbst."
(*Stille spricht, Arkana*)

Liebe ist ein unermessliches Verlangen nach Ganzheit. Liebe ist beten, bitten, kämpfen, weinen, fordern und der Wunsch nach dem Gefühl ganz zu sein. Das Bild, das einem hierzu gleich in den Sinn kommt, ist das eines Kindes in seinem Bettchen, das der Mutter beide Arme entgegenstreckt. Sobald es ihre Silhouette am Bettchen erkennt, beginnt es, mit seinen Händen in die Luft zu greifen, um die Mutter zu sich herabzuziehen. Es weiß intuitiv, dass Mama für Liebe, Wärme, Zuneigung, Sicherheit, Nahrung und Ganzheit steht. Dieses Bedürfnis nach Sicherheit, Aufmerksamkeit und Berührung wird dann auch im nächsten Augenblick befriedigt.
Unser ganzes Leben verbringen wir damit, uns nach dem Ganz-Sein auszustrecken. Das geschieht jedoch nicht bewusst; es ist die Lebensenergie, die in dir fließt. Das Sich-Ausstrecken, Tasten und Fühlen wird allmählich entwickelt, es ist deine Körpersprache, mit der du allmählich vertraut wirst. Sich auszustrecken gehört dabei zur „evolutionären Verpflichtung", da sich das Leben mit deiner Geburt in dir und durch dich formen und entwickeln will. Es ist eine enorme Kraft, die mit ihrer Intelligenz unseren Verstand bei weitem übersteigt. Sich-Ausstrecken ist Leben und Leben ist Sich-Ausstrecken, es ist eine ein-

und ausgehende Bewegung. In diesem Prozess entwickelst du ein „imaginäres Selbst“, einen Schmerzkörper, du wirst zu einem „human doing“, und das Leben mit den Menschen, denen du nahe sein willst, wird aus genau diesem Grund zur Hölle. Zur Hölle deshalb, weil der Mensch an deiner Seite genau den gleichen Weg gegangen ist wie du. In dieser Hölle steht ihr euch beide als Schmerzkörper gegenüber. Zur Hölle auch deshalb, weil du dachtest, der andere könne dich glücklich machen, was er jedoch aus irgendwelchen Gründen nicht tut und in deinen düstersten Vorstellungen auch gar nicht tun will. Der andere empfindet dir gegenüber genauso, was er deiner Meinung nach jedoch völlig falsch sieht. Und egal wie viel Mühe du dir gibst, es gelingt dir nicht, es ihm klar zu machen, weil ... Ohne lange nachzudenken könntest du mindestens zehn Argumente nennen, um ihn vom Gegenteil zu überzeugen. Jeder kennt dieses Gefühl, jede Partnerschaft macht so etwas durch. Es wäre sinnvoller, diesen Kampf zu durchschauen und ihn zu beenden, denn er ist nicht nur zwecklos und schmerzhaft, es ist einfach zu schade, so viel Energie dafür zu verschwenden.

Die Sehnsucht nach Ganzheit ist eine große Kraft, die in uns wirkt. Wir fühlen uns immer zum anderen Pol hingezogen: das Männliche zum Weiblichen, das Weibliche zum Männlichen. Das ist nicht dasselbe wie Mann zu Frau oder Frau zu Mann. In jedem Mann und in jeder Frau sind unabhängig vom Geschlecht sowohl weibliche als auch männliche Energien präsent. Nach unserem Verständnis gibt es jedoch keine größere Polarität und Dualität als die zwischen Mann und Frau. Im Vergleich dazu sind Tag und Nacht, Wasser und Feuer, Ebbe und Flut, hoch und tief lediglich ein Kinderspiel. Abhängig von Herkunft und Kultur, gibt es eine Fülle von Stereotypen, die Mann und Frau definieren – wie sie auszusehen haben, wie sie sich verhalten sollen, wie sie sich zu kleiden haben, welche Rollen sie spielen und worin sie gut sein sollen. Und wir haben mindestens genauso viele vorgefasste Meinungen, wie und was sie nicht sein sollen. Es gibt eine erschütternde Anzahl von Vorstellungen und Ideen, die das Wesen des Mannes und der Frau nicht im Geringsten erfassen. Was übrig bleibt ist vielmehr eine lange Checkliste ihrer Konformität bzw. Nicht-Konformität. Als Dustin Hoffman sich auf seine Rolle als Frau im Film *Tootsie* vorbereitete, entdeckte er zu seinem Entsetzen, dass das Interesse am anderen Geschlecht auf das Äußere reduziert wird, das jedoch nicht immer den Erwartungen entspricht. Als er einmal bereits vollständig ausstaffiert und geschminkt war, sagte er zu seiner Maskenbildnerin: „Gut, das ist okay, ich sehe jetzt wie eine Frau aus, aber mach mich doch jetzt zu einer richtigen, attraktiven Frau!“ Woraufhin sie antwortete: „Besser geht es nicht.“ Hoffman war entsetzt darüber, dass er die Erwartungen, die auf das gängige Frauenbild zurückgehen, nicht erfüllen konnte. In dem Moment wurde ihm klar, wie viele faszinierende Frauen es gibt, die aber einfach nicht gesehen werden, weil sie nicht den allgemeinen Vorstellungen vom Aussehen einer Frau entsprechen. Eine schmerzhafte Erkenntnis. Natürlich kennen wir alle den Unsinn aus den Werbesprüchen und sind überzeugt, dass wir uns nicht davon täuschen lassen, bis zu dem Augenblick, in dem wir – blind und manipuliert – doch wieder darauf hereinfallen.

Die wichtigste Frage, die wir uns in Bezug auf jede Art von Beziehung ab und zu einmal stellen sollten, ist die aus dem bereits erwähnten Zitat: „Kannst du jemanden, dem du begegnest, und sei es nur flüchtig, in seinem Wesen würdigen, indem du ihm deine volle Aufmerksamkeit schenkst? Oder reduzierst du ihn auf seinen Nutzen für dich, auf eine bloße Funktion oder Rolle, auf ein Mittel zum Zweck?" Die Anziehung zwischen Mann und Frau ist so stark, das Zusammenspiel der Kräfte zwischen diesen beiden Polen so intensiv, weil die Sehnsucht nach einem Leben in Ganzheit, jenseits dieser Dualität, sehr groß ist. Die weibliche Energie ist stärker mit dem Sein, die männliche mit dem Tun verbunden. Darin liegt auch ihre sich gegenseitig ergänzende und anziehende Kraft, weil beide Energien für den Tanz der inneren und äußeren Ziele benötigt werden. Ohne den weiblichen Aspekt ist es schwierig, die Verbindung zum inneren Ziel herzustellen, und ohne den männlichen Aspekt ist es schwierig, konform mit dem äußeren Ziel zu handeln. Sie ergänzen sich gegenseitig und bilden ein angeregtes, dynamisches Gleichgewicht. Sobald du versuchst, das Gleichgewicht zu fixieren, indem du Rollen, Taten und bestimmte Vorstellungen von dir selbst und dem anderen festlegst – die Sucht nach dem „erfundenen Selbst" – schwächst du deine eigene Energie und die des anderen.
Wie viel Bewusstsein benötigst du, um dieses Spiel zu spielen und dich diesem Tanz mit dir selbst und dem anderen hinzugeben, ohne andauernd in den Kampf mit deinem Schmerzkörper und dem des anderen verwickelt zu sein? Kannst du offen, neugierig, respektvoll und freudvoll mit dir selbst und deinem Gegenüber bleiben? Kannst du den anderen als das menschliche Wesen

sehen, das er ist, ohne ihm dein Etikett aufdrücken zu wollen? Kannst du dich so zeigen, wie du wirklich bist, ohne einem Bild gerecht werden zu müssen? Kannst du still werden und die Dinge so annehmen, wie sie sind? Du wirst keine Inspiration in deinem Leben erfahren, wenn es nur darin besteht, Bildern und Ansprüchen zu entsprechen. Ob du es freiwillig machst oder gezwungenermaßen – es wird auf Dauer zu einer schmerzhaften Gefangenschaft in der fiktiven Welt deines Intellekts führen.

Wenn du auf den anderen in einer offenen, neugierigen und achtsamen Art zugehen kannst, dann wirst du nach und nach erkennen, wann sich dein Partner gerade im Schmerzkörper befindet und wann nicht. Du wirst herausfinden, wie dein eigener Schmerzkörper auf den deines Partners reagiert und umgekehrt. Ihr werdet euch gegenseitig in all eurer Schönheit und Hässlichkeit, Offenheit und Verschlossenheit, Ehrlichkeit und Verlogenheit, in aller sexuellen Lust und Unlust, in allen Ängsten und Stärken, Höhen und Tiefen kennen lernen. Früher oder später wirst du durch deine Hingabe das Tor der Wandlung und des Lebens mit den Menschen, denen du nahe sein willst, finden. Die Hingabe wird so zu einer wichtigen, spirituellen Übung, da du vom Traum des „erfundenen Selbst" und des Schmerzkörpers aufwachst. Du übst dich darin, das, was ist, sein zu lassen, auch wenn es das Hässlichste ist, das du kennst: dein Schmerzkörper im Verhältnis zu dem einer anderen Person.

Du strebst nicht länger danach, etwas zu bekommen, sondern du willst etwas geben. Du bist wach, du fühlst dich in dir selbst zu Hause und du bist ein *Mensch* („human being").

Einerseits gibt es das ‚Sein'. Andererseits gibt es den ‚Menschen' mit all seinen Eigenschaften, die ihn ausmachen. Bevor wir es merken, haben wir etwas Heiliges aus dem menschlichen Sein gemacht. Das Heilige dabei ist das ‚Sein', und das ‚Menschliche' ist der Teil, der sich gerne mal den letzten Keks schnappt.

Sich einer Partnerschaft hinzugeben, ist etwas anderes als sich benutzen zu lassen, manipuliert oder überwältigt zu werden. Dazu sagt Tolle: „Du kannst jemandem durchaus ein klares und eindeutiges ‚Nein' sagen oder einer Situation den Rücken kehren und gleichzeitig in einem Zustand von absoluter Widerstandslosigkeit sein. Wenn du zu einem Menschen oder einer Situation ‚Nein' sagst, sieh zu, dass dein Nein nicht aus einer Reaktion entspringt, sondern aus deiner Einsicht, aus einem klaren Verständnis davon, was für dich in diesem Moment richtig ist und was nicht." (*Jetzt!, J.Kamphausen*)
Wenn wir von Liebe sprechen, meinen wir meistens die romantische Liebe. Eine romantische Beziehung, die aufgrund gegenseitiger Anziehung zustande kommt, hat anfangs eine besondere Grundlage. Es ist eine wunderschöne Phase, in der sich jeder attraktiv, begehrt und ganz fühlt. Ihr sehnt euch nacheinander und der andere spürt genau, „was" und „wie" etwas zu tun ist, damit du das Gefühl hast, dass Prinz und Prinzessin sich schließlich gefunden haben. „So wunderbar wie im Film. Dann kommen die Hochzeit und anschließend die Flitterwochen ... ta ta ta ta ta ... schöne Musik ... noch ein Kuss und sie laufen in den Sonnenuntergang hinein ... ta ta ta ta ta ta ... wieder schöne Musik ... und dann: Ende des Films. Es wird nie gezeigt, wie es nach achtzehn Monaten aussieht!

In den ersten paar Monaten erkennen wir die Schattenseiten des anderen überhaupt nicht; wir leben beide hinter einem Schleier des Rausches und der Schmerzkörper scheint in Urlaub zu sein. Bis dann etwas Unangenehmes passiert, was uns jedoch nicht überraschen sollte, auch nicht hier im gut organisierten Westen ... früher oder später läuft etwas schief ... und in dem Moment ist der Schmerzkörper aus dem Urlaub zurück," (*Mill Valley Vortrag, Juni 2013*), stellt Tolle fest, während er seine Hände in gespielter Verzweiflung in die Luft wirft.

Die romantische Beziehung hat nichts mit Liebe zu tun. Sie mag einen Anfang darstellen, aber wenn die Liebe den ersten Akt der Hingabe fordert, erweist sich die Beziehung eher als brüchig. Romantische Liebe ergibt sich aus einer großen gegenseitigen Anziehungskraft, aber das Wesen, das dein Herz berührt, hat auch ein „erfundenes Selbst" und einen Schmerzkörper. Du wirst schneller damit konfrontiert, als dir lieb ist, und das Wesen verschwindet in den Hintergrund. Du hast es dann mit einem Mann oder einer Frau zu tun, die du überhaupt nicht mehr wiedererkennst. Der Prinz entpuppt sich als furchtbarer, egozentrischer Tyrann mit einer verbohrten Einstellung und die Prinzessin verwandelt sich in eine missmutige, haltlose Vogelscheuche. Bevor du dir dessen bewusst wirst, leben nun zwei Schmerzkörper unter einem Dach, die sich in den nächsten Jahren gemeinsam im Kreis drehen werden: Auseinandersetzungen (es fängt mit Kleinigkeiten an), Streitereien, das große Schweigen, ein heftiger Streit, psychische Gewalt, körperliche Gewalt, Schamgefühle, Ausreden, Sendepause, gute Absichten, vermeiden von Haarspaltereien, da es

sowieso viel zu viele Haare gibt, dann die Ruhe vor dem Sturm, Auseinandersetzung, Streit ...
Es ist der Schmerzkörper, der sich mit einem anderen Schmerzkörper im Streit befindet. Dabei ist das Skript dieser Kreisläufe mehr oder weniger festgelegt. Die Einwände des einen Schmerzkörpers werden immer mit den gleichen Gegenargumenten des anderen Schmerzkörpers beantwortet. Manche Kreisläufe sind so eingespielt, so oft geübt worden, dass du aufgrund der Argumente erkennen kannst, wie weit du im Kampf bereits fortgeschritten bist und wie lange er noch dauern wird. Der Schmerzkörper kann diesen Kreislauf nicht selbst durchbrechen, er wird sogar durch ihn angeregt. Der einzige Ausweg liegt darin, diesen Kreislauf zu erkennen und dich bewusst dafür zu entscheiden, nicht noch eine tausendste Runde zu drehen, indem du überprüfst, was tatsächlich gerade Jetzt geschieht: Wogegen leistest du Widerstand? Der Kern des Problems liegt also nicht beim anderen, sondern bei dir selbst. Es ist etwas, wogegen du dich wehrst! Was will ich hier nicht wahrhaben? Womit kann ich gerade nicht „Sein"? Was hat mich berührt? Was hat mich verletzt? Was hat meinen Schmerz ausgelöst? Es hat meistens damit zu tun, dass du dich auf physischer, emotionaler, geistiger oder spiritueller Ebene nicht gehört oder gesehen fühlst.

Tolle unterscheidet zwischen Form und Formlosigkeit in einer Beziehung. Wir sprechen über die Form, wenn es um die Persönlichkeit, die Ansammlung körperlicher, emotionaler und geistiger Eigenschaften, Fähigkeiten und Unzulänglichkeiten, die ein Mensch hat, geht. Das Formlose des Menschen ist die Essenz, das Bewusstsein.

Es kann nicht erfasst oder präzise angezeigt werden, aber es bildet das eigentliche Sein einer Person und mit ihm treten wir in Resonanz, wenn wir uns verlieben. Wir erkennen das Wesen des anderen, weil unser eigenes Wesen mit ihm mitschwingt. Das ist die „Einheit“, von der wir alle abstammen: die Ganzheit des Bewusstseins. Du kannst dich aufgrund der emotionalen Bindung, die du zu jemandem hast, in seine äußere Erscheinung oder in einen freien Geist verlieben. Die ganze Welt der Werbung basiert auf den äußeren Reizen, der physischen Form, und unterscheidet nicht zwischen Menschen, Kleidung, Häusern, Küchenutensilien oder Autos. Letztendlich sind Beziehungen, die hauptsächlich auf dem Reiz dieser Formen basieren, zu Langeweile und Verwirrung verdammt. Sie können nicht erfüllend sein. Nach Eckhart Tolle ist eine Beziehung nur dann erfüllend, wenn sie auch eine spirituelle Dimension hat. Romantische Liebe wird im Englischen sehr treffend mit „to fall in love“ („in die Liebe fallen“ – Anm. d. Übers.) ausgedrückt. Du verliebst dich und die ersten Monate verbringst du gewissermaßen in einem süßen Schlaf. Als Konsequenz daraus bist du weniger wach, weniger präsent und verlierst dich im anderen. Man wird der Liebe viel eher gerecht, wenn man von „to rise in love“ spricht (ein Wortspiel im Englischen, im Sinne von „in der Liebe aufgehen oder aufsteigen“ – Anm. d. Übers.). Du lässt dich auf eine Partnerschaft ein, um dich selbst und den anderen – sowohl als Persönlichkeit als auch als Wesen – in aller Offenheit und Neugier kennen zu lernen und zu entdecken. Dadurch kann in dieser intimen Beziehung eine Lernkultur aufgebaut und gepflegt werden, um das „erfundene Selbst“ und den Schmerzkörper aufzulösen. Je mehr sich diese auflösen, desto mehr Bewusstsein kann in die Beziehung einströmen, und je mehr Bewusstsein da ist, desto mehr Erkenntnis in Bezug auf das „erfundene Selbst“ und den Schmerzkörper kann sich entwickeln. Eine solche Beziehung bietet den Raum, um angemessen mit dem, was ist, umzugehen und letztendlich die bedingungslose Liebe zu erfahren. In diesem Sinne ist die Liebe wie ein gereinigter Spiegel für dich selbst und den anderen.

Wie bei allem, was du in deinem Alltag tust, erblüht die Liebe dort, wo du die Dinge aus einer Haltung der Bereitwilligkeit, der Freude und des Enthusiasmus tust. Diese drei Eigenschaften stehen für eine bestimmte Schwingungsfrequenz des Bewusstseins, und sie stellen drei Modalitäten dar, mit denen du dein Tun inspirieren kannst. Sie sind dein Kompass, mit denen du das Gleichgewicht zwischen deinem inneren und deinem äußeren Ziel finden kannst. Dein Leben durch eine liebevolle Einstellung und liebevolle Handlungen zu erhellen, ist die Grundlage für eine neue Erde.

„Wenn du weder mit Bereitwilligkeit noch mit Freude, noch mit Enthusiasmus bei dem bist, was du tust, solltest du einmal genau hinschauen, dann wirst du sehen, dass du dir und anderen Leid bescherst. […] Bereitwillig annehmen heißt einzusehen, dass die Situation dies im Augenblick von mir verlangt, sodass ich es bereitwillig tue.“ (*Eine neue Erde, Arkana*)

Das Gefühl des Friedens, das sich aus der Einstellung der Hingabe ergibt, verwandelt sich in Energie, wenn du Freude an dem hast, was du tust. Freude ist der dynamische Aspekt des Seins. Auf der neuen Erde ersetzt die

Freude das Wollen als treibende Kraft für unsere Taten. Freude ist nicht das Ergebnis dessen, was du tust, sondern sie strömt durch das, was du tust, und von dort aus der Tiefe deines Seins in die Welt. Die Freude am Sein ist die Freude am „Bewusst-Sein". Tolle schreibt dazu: „Manche Menschen, die durch ihr kreatives Schaffen das Leben vieler anderer bereichern, tun einfach das, was ihnen am meisten Freude macht, ohne dadurch etwas erreichen oder werden zu wollen. Das können Musiker, Künstler, Schriftsteller, Wissenschaftler, Lehrer oder Baumeister sein oder Leute, die neue soziale oder wirtschaftliche Strukturen (erleuchtetes Unternehmertum) ins Leben rufen. Manchmal bleibt ihr Einflussbereich über Jahre hinweg klein, bis allmählich oder plötzlich eine Woge kreativer Kraft in das einfließt, was sie tun, sodass ihre Tätigkeit weit über alles hinauswächst, was sie sich je hätten träumen lassen, und unzählige Mitmenschen erreicht." (*Eine neue Erde, Arkana*)

Für Menschen, die ihrem inneren Ziel, dem Erwachen, treu bleiben wollen, gibt es eine weitere Möglichkeit, ihre Kreativität auszudrücken. Sie entdecken eines Tages plötzlich, was ihr äußeres Ziel ist. Sie haben eine fantastische Vision, eine Bestimmung, und von diesem Tag an arbeiten sie daran, sie in die Welt zu bringen. Ihre Bestimmung oder Vision ergibt sich meistens aus dem, was sie in ihrem Leben bereits im Kleinen mit Freude tun. Hier kommt die dritte Modalität bewussten Handelns ins Spiel: Enthusiasmus. Der diesem Wort zugrundeliegende griechische Begriff bedeutet „von Gott besessen". „Aus der Freude an dem, was du tust, wird in Verbindung mit einer Vision Enthusiasmus. […] Eine neue Spezies entsteht auf der Erde. Sie erscheint gerade jetzt – du bist es!“ (*Eine neue Erde, Arkana*)

Die wichtigste und auch inspirierendste Frage, die du dir täglich stellen kannst, lautet: „Was inspiriert mich?“ Verbinde deine Aufmerksamkeit mit deinem Atem, deinem Körper, dem inneren Körper und dem Boden unter deinen Füßen. Umarme das Jetzt, gib dich bedingungslos deinem inneren Ziel hin. Hisse die Segel mit Enthusiasmus und steuere auf deinen Punkt am Horizont zu. Lass dich auf deinem Lebensstrom vom Wind davontragen. Das äußere Ziel ist keine vorgegebene Struktur, es soll dich nicht steif machen und dir Freude und Begeisterung rauben. Widersetze dich dem Wind nicht, achte auf dein Boot und seine Segel und vertraue dem Leben. Folge einfach durchdrungen von Hingabe, Freude und Enthusiasmus dem kreativen Strom dessen, was du tust.
Tanze das Leben, spüre deinen Herzschlag und liebe bedingungslos.

ECKHART TOLLE – EINE KURZE BIOGRAFIE

Kindheit und Jugend: 1948–1977

Eckhart Tolle wurde nach dem Zweiten Weltkrieg, am 16. Februar 1948, als Ulrich Leonard Tölle in Lünen, nördlich von Dortmund geboren.
Seine Kindheit, vor allem bis zu seinem dreizehnten Lebensjahr in Deutschland, erlebte er als eine unglückliche Zeit. Er wuchs mit Eltern auf, die sich ständig stritten. Besonders seinen Vater empfand er als einen sehr dominanten, aufbrausenden Mann. Seine Eltern ließen sich schließlich scheiden. Auch seine Schulzeit war für ihn nicht angenehm: Die Schule hatte eine feindselige Atmosphäre und er fühlte sich wie ein Fisch auf dem Trockenen. Sehr früh galt Tolle bereits als ein ungewöhnliches Kind. Ihn faszinierte die Sinneswahrnehmung, er lebte in einer eigenen, einsamen Welt und war sehr mit sich selbst beschäftigt. Er streifte allein durch die Natur und spielte in alten Gebäuden, die im Krieg von den Alliierten zerbombt worden waren. In diesen Ruinen spürte

er den Schmerz und das schwere Los seiner Heimat, was ihn sehr deprimierte.
Im Alter von etwa dreizehn Jahren weigerte er sich, weiterhin die Schule zu besuchen. Seine Mutter wusste sich nicht mehr zu helfen und schickte ihn zu seinem Vater, der in Spanien lebte. Sie selbst blieb in Deutschland. In Spanien entschied sich Tolle, selbstständig Literatur und Astronomie zu studieren. Er begann sich auch für Esoterik und Spiritualität zu interessieren. Mit fünfzehn Jahren beschäftigte er sich mit den Werken des deutschen Mystikers Bô Yin Râ, die ihn sehr berührten.
Bô Yin Râ ist der spirituelle Name des Autors und Malers Joseph Anton Schneiderfranken. Er wurde 1876 in der Nähe von Aschaffenburg geboren. 1925 siedelte er nach Massagno/Lugano über, wo er 1943 starb. Er verfasste 32 ethisch-religiöse Bücher, die in den Jahren 1919–1936 erschienen. Ohne eine neue Schule oder ein neues „System des Denkens und Glaubens" zu propagieren, zeigt Bô Yin Râ darin aus verschiedenen Blickwinkeln einen Weg, wie sich der Mensch seiner unsterblichen Spiritualität wieder bewusst werden kann. Zweifellos gibt es auch gewisse Parallelen zu den Werken Rudolf Steiners, dem Gründer der Anthroposophie. Bô Yin Râ betont immer wieder, wie wichtig die Unterscheidung zwischen den Erscheinungen der „Tierseele" (die alle psychologischen Eigenschaften und Emotionen, aber auch künstlerische oder religiöse Gefühle umfasst) und den spirituellen Manifestationen des Ewigen, der geistigen Seele, ist. Der wesentlichste Aspekt ist die Geburt eines lebendigen Gottes, den jeder Mensch in seinem Selbst erfahren kann, als das tiefste Erleben der Seelenkräfte, die unter dem einen Spirituellen Willen vereint sind. Das Ergebnis

ist, dass der Mensch von seinem Karma befreit wird. Die Lebensprobleme des Einzelnen und der Gemeinschaft erscheinen in einem neuen Licht.
Im Alter von neunzehn Jahren verließ Tolle Spanien und ging nach London, wo er als Lehrer Deutsch und Spanisch unterrichtete. In den drei Jahren dieser Tätigkeit wurden seine depressiven Verstimmungen immer intensiver, verbunden mit starken Angstzuständen und nervöser Anspannung. Er machte sich auf die Suche nach Antworten, um mit diesem erhöhten psychischen Druck zurechtzukommen. Er schrieb sich an der Universität von London für die Fächer Philosophie, Psychologie und Literatur ein. Nach seinem Abschluss erhielt er 1977 ein Forschungsstipendium an der Universität Cambridge.

Erwachen, die innere Transformation: 1977 bis zur Gegenwart

Trotz seiner Sinnsuche und seines Willens, sich selbst verstehen zu wollen, rutschte er immer tiefer in die Depression. Er entwickelte sogar Selbstmordtendenzen. Er wohnte in einem Studio, wie ein Eremit, und wurde immer schwermütiger. Ihn plagte ein Selbstmordgedanke nach dem anderen und sein Leben wurde zu einer Tortur. 1977 wachte er eines Nachts auf – er war damals neunundzwanzig Jahre alt – und hörte, wie er selbst seufzend sagte: „Ich kann mit mir selbst so nicht weiterleben." Dieser Gedanke stieß auf Resonanz in ihm, er kam ihm merkwürdig vor und er fragte sich, was es um alles in der Welt mit diesem „Ich" und diesem „Selbst" auf sich hat: „Gibt es tatsächlich zwei Versionen von mir, das ‚Ich' und das ‚Selbst'? Und welches von denen bin ich wirklich? Wer ist das ‚Ich', das nicht mit meinem ‚Selbst' weiterleben kann?

Was ist dieses ‚Selbst'? Ich spürte, wie ich in eine Leere gesaugt wurde! Ich wusste in dem Augenblick nicht, wie mir geschah, aber später erkannte ich, dass mein ‚Selbst' von mir konstruiert war, mit all der Schwere und den Problemen, ständig pendelnd zwischen der Unzufriedenheit in Bezug auf die Vergangenheit und der Angst vor der Zukunft. Es brach plötzlich zusammen. Es löste sich auf. Ich wachte am nächsten Morgen auf und alles war außergewöhnlich friedvoll. Es herrschte Frieden, weil sich das ‚Selbst' aufgelöst hatte. Was übrig blieb, war die Erkenntnis einer Präsenz oder eines Seins, das einfach beobachtete." (*Jetzt!, J.Kamphausen*)

Tolle hat dieses „beobachtende" Phänomen in seinem Buch *Jetzt!* „beobachtende Präsenz" genannt, nachdem er schließlich mehr Worte gefunden hatte, um seine plötzliche lebensverändernde Erfahrung zu beschreiben, und diese innere Transformation besser verstehen konnte. Weitere Konzepte, die er entwickelte, waren: der Schmerzkörper, der innere Körper und das „erfundene Selbst".
Am Morgen nach seiner Transformation wanderte ein neugeborener Eckhart Tolle durch die Straßen von London und erlebte alles als wundervoll und unendlich friedlich, sogar den aufdringlichen Verkehrslärm. Dieses Erleben hielt an und entwickelte sich zu einem Gefühl der Ausgeglichenheit, das in jeder Situation unterschwellig stark präsent war. Er gab seine Forschungsarbeit an der Universität Cambridge auf und verbrachte die nächsten zwei Jahre in Frieden und Stille auf einer Parkbank am Russell Square. Dort kam er mit ehemaligen Kollegen und Studenten und einer bunten Mischung von Menschen ins Gespräch, die ihm auf seiner Bank Gesellschaft leisteten.

Aber vor allem beobachtete er, wie die Welt in ihrem Trubel an ihm vorüberzog.
Ohne Arbeit und einen festen Wohnort begann er, zum großen Entsetzen seiner Familie, ein Nomadendasein. Manchmal übernachtete er bei Freunden oder Menschen, die ihm Unterschlupf gewährten, oder er übernachtete im Freien in der Nähe von Hampstead Heath. Er teilte sein Wissen und seine Erkenntnisse mit allen Menschen, die ihm begegneten, und so vergingen seine Tage.
Eines Nachts hatte er einen Traum, in dem er von Menschen mit Eckhart statt Ulrich angesprochen wurde. Als er am nächsten Morgen zufällig einen guten Freund traf und dieser ihn auch Eckhart nannte, entschied er sich, von nun an Eckhart Tolle zu heißen. Er trat somit ein wenig in die Fußstapfen des deutschen Philosophen und Mystikers Meister Eckhart. Er selbst hatte jedoch in jenen Jahren keine rechte Vorstellung davon, was er tat oder was sein Ziel im Leben sein sollte. Er lebte ganz nach dem Motto „carpe diem", frei von jeglicher Identifikation mit einer Funktion, einer Rolle, einem Namen oder einer Zielsetzung. Die Menschen, mit denen er sich unterhielt, schienen von den Gesprächen zu profitieren, und er betrachtete sich zuallererst als „Heiler". Er fing allmählich damit an, vor kleinen Gruppen zu sprechen, die manchmal aus nur wenigen, manchmal jedoch auch aus zehn oder fünfzehn Menschen bestanden. Er beschäftigte sich mit allen möglichen spirituellen Bewegungen und suchte spirituelle Meister und Lehrer auf, um eine Einsicht in das zu erlangen, was während seines Transformationsprozesses mit ihm geschehen war. Er wollte wissen, wie er diese Erfahrungen und Einsichten anderen Menschen mitteilen konnte. Inhaltlich entwickelte sich

seine Arbeit allmählich zu der Rolle eines Beraters und er entschied sich, in einer alternativen Lebens- und Arbeitsgemeinschaft in Glastonbury zu leben.
Er begann auch zu reisen und besuchte regelmäßig die USA, um dort in Sausalito, Kalifornien, unter anderem an seinem ersten Buch *Jetzt! Die Kraft der Gegenwart* zu schreiben. 1995 zog er nach Vancouver, Kanada, wo er bis heute lebt. Dort begegnete er auch Kim Eng, seiner jetzigen Ehefrau.
Jetzt! Die Kraft der Gegenwart wurde 1997 von Namaste Publishing mit einer Auflage von 3000 Exemplaren veröffentlicht. Tolle kümmerte sich zum Teil selbst um die Verbreitung des Buches. Mit einer Plastiktüte voller Bücher ging er von einem Buchladen zum nächsten und bat freundlich darum, sein Buch zum Verkauf auszulegen. Einige Freunde von ihm kümmerten sich um den Verkauf in anderen Städten. 1999 erschien eine zweite Ausgabe von einem anderen Herausgeber, dem Verlag New World Library, USA. Im Jahr 2000 sprach Oprah Winfrey in ihrer Zeitschrift *O, The Oprah Magazine* eine Empfehlung für sein Buch aus und innerhalb kürzester Zeit wurden Hunderttausende Exemplare verkauft. Übersetzungen in verschiedene Sprachen folgten. Tolle war sehr glücklich über die Verbreitung seiner Arbeit, deren wichtigste Botschaft „das Erwachen eines neuen Bewusstseins“ war. Er empfand die Situation als Bestätigung einer lang gehegten Vorahnung, dass dieses Buch tatsächlich eine große Wirkung haben würde. Im August 2000 wurde es sogar die Nummer Eins auf der Bestsellerliste „Hardcover Advice & Misc“ der *New York Times* (Bestsellerliste gebundener Ratgeber und Sachbücher – Anm. d. Red.). 2013 war *Jetzt! Die Kraft der Gegenwart* in 34 Sprachen verfügbar,

und der Verkauf der englischen Fassung stieg im Mai 2013 sogar über die Sieben-Millionen-Marke.
Eine Neue Erde erschien im Jahr 2005. Im folgenden Jahr lenkte Oprah Winfrey in ihrem Buchclub die Aufmerksamkeit auf dieses Buch. Allein die Ankündigung bescherte dem Buch einen Verkauf von 3,5 Millionen Exemplaren. Zusätzlich nahm Winfrey zusammen mit Tolle 2008 ein Webinar auf: einen Zyklus von Vorträgen im Fernsehen über *Eine Neue Erde*. Die dritte Ausstrahlung des Webinars brachte eine Einschaltquote von über 11 Millionen Zuschauern.
In der Zwischenzeit entwickelte sich weltweit eine große Nachfrage nach Vorträgen, Präsentationen, Workshops und Retreats, die Tolle auf Englisch, manchmal auch auf Deutsch und Spanisch abhält. Er verfolgt hier seinen eigenen, ruhigen Weg und glaubt an ein organisches Wachstum seiner Aktivitäten und der Aktivitäten einer Firma, die er gegründet hat: Eckhart Tolle Teachings. Diese Firma gibt unter anderem Sprach- und Filmaufnahmen seiner Vorträge heraus. Um möglichst viele Menschen zu erreichen, startete er 2009 den Internetkanal Eckhart Tolle TV, in dem er jeden Monat über ein spezielles Thema spricht (z. B. Meister Eckhart, die Bhagavad Gita, Epictet, Sokrates, der Schmerzkörper, Ein Kurs in Wundern, Stille, Zeit und Kreativität), Meditationssitzungen anbietet und Fragen beantwortet. Direkt danach stellt Kim Eng ihren eigenen Ansatz vor.
Tolle betont in seiner Arbeit, wie wichtig Schriftsteller, Musiker und andere Künstler für uns sind, wie beispielsweise Descartes, Sartre, Nietzsche, van Gogh, Shakespeare, Albert Einstein, Mozart, die Beatles, Michael Jackson und die Rolling Stones. Tolle selbst hat viele

Quellen der Inspiration. Über seine Arbeit sagt er, sie könne am besten als eine Verquickung von Jiddu Krishnamurti und Ramana Maharshi interpretiert werden.
Krishnamurti (1895–1986) war ein Redner und Autor, der sich mit spirituellen und philosophischen Themen beschäftigt hat. In seinen Reden ging es um die Revolution in der menschlichen Psyche, um Meditation, Selbsterforschung, menschliche Beziehungen, die Funktionsweise des Gehirns und die Umsetzung eines radikalen Wandels in der Gesellschaft. Er betonte fortwährend die Notwendigkeit einer Revolution in der Psyche eines jeden Einzelnen, und zwar nicht durch eine äußere Kraft, ob nun religiöser, politischer oder sozialer Natur, sondern durch eine innere. Krishnamurti identifizierte sich nie mit einer bestimmten Nationalität, einer Kaste oder einer philosophischen Richtung. Er verbrachte sein ganzes Leben damit, sein eigenes Weltbild zu verbreiten.
Ramana Maharshi (1879–1950) gilt als einer der prominentesten spirituellen Meister der modernen Zeit. Im Alter von sechszehn Jahren verlor er sämtliche Identifikation mit seiner individuellen Identität – eine Offenbarung, die er später als Erleuchtung erkannte. Kurz darauf machte er sich auf den Weg zum heiligen Berg Arunachala, wo er den Rest seines Lebens verbrachte. Die ersten Jahre lebte er dort in vollkommenem Schweigen. Aber dieses Schweigen und seine Sannyasin-Erscheinung zogen viele Anhänger an und er entschied sich, schließlich doch zu sprechen. In den folgenden Jahren beantwortete er auch Fragen, wobei er nicht müde wurde zu betonen, dass Schweigen die reinste Form der Schulung sei.
Neben den Lehren von Ramana Maharshi und Krishnamurti zitiert Tolle häufig das Tao Te King, die Bhagavad

Gita und andere Schriftstücke aus dem Hinduismus, dem Buddhismus, dem Alten und Neuen Testament und dem Kurs in Wundern. Er bezieht sich auch regelmäßig auf bestimmte Personen, wie Zoroaster, Lao Tzu, Mahavira, Gautama Buddha, Heraklit, Parmenides, Jesus, Epiktet, Marcus Aurelius, Rumi, Meister Eckhart, Hafiz, Rinzai Gigen und Ralph Waldo Emerson, und betont die Bedeutung der religiösen Bewegungen der Mystik, wie beispielsweise des Gnostizismus im Christentum, des Sufismus im Islam, des Chassidismus und der Kabbalah im Judentum, des Advaita Vedanta im Hinduismus und des Zen und Dzogchen im Buddhismus.

Eckhart Tolle gilt zunehmend als spiritueller Lehrer und Meister und wird oft darum gebeten, über seine Vision zu sprechen und an verschiedenen Foren teilzunehmen. In der Hinsicht ist er jedoch sehr zurückhaltend. Er widmet sich dem Thema Erziehung und Bildung und nahm in dem Zusammenhang am Weltfriedensgipfel 2009 in Vancouver teil, bei dem auch der Dalai Lama anwesend war. Zusätzlich unterstützt er die Arbeit des Filmschauspielers Jim Carrey und seiner gemeinnützigen Organisation GATE, die sich mit dem Einfluss von Fernsehen und Entertainment auf unser tägliches Leben auseinandersetzt.

Eckhart Tolle liebt Reisen, gute Literatur, Fotografie und empfindet sein Leben im Grunde als nichts Besonderes. Er genießt es sehr, schweigend in der Natur zu sein, allein oder mit seiner Frau Kim Eng spazieren zu gehen oder einfach zu Hause ruhig im Sessel zu sitzen. Er hat einen kleinen Hund, der ihm Gesellschaft leistet und den er sehr liebt. „Nicht sonderlich aufregend, aber das ist mein Leben“, erklärt er.

LITERATURVERZEICHNIS

- Bergson, H.: Einführung in die Metaphysik, Junghans, Cuxhaven 1988
- Bergson, H.: Materie und Gedächtnis. Eine Abhandlung über die Beziehung zwischen Körper und Geist, Ullstein, Frankfurt, Berlin, Wien 1982
- Bergson, H.: Zeit und Freiheit. Eine Abhandlung über die unmittelbaren Bewusstseinstatsachen, Diederichs, Jena 1920
- Graeve, P. de: Friedrich Nietzsche: chaos en [ver]wording, SUN, Amsterdam 2003
- Hesse, H.: Siddhartha, Suhrkamp Verlag, Frankfurt am Main 1974
- Kafka, F.: Gesammelte Werke, Anaconda, Köln 2012
- Loewenthal, Erich (Hrsg.): Platon: Sämtliche Werke in drei Bänden, Lambert Schneider, Berlin 2010
- Moore, T.: Seel-Sorge. Tiefe und Spiritualität im täglichen Leben finden, Droemer Knaur, München 1993
- Nietzsche, F.: Die fröhliche Wissenschaft, Reclam, Stuttgart 2012
- Osho: Die verborgene Harmonie. Vorträge über die Fragmente des Heraklit, Osho-Verlag, Köln 2002
- Osho: Zarathustra, ein Gott der tanzen kann. Diskurse über Friedrich Nietzsches „Also sprach Zarathustra“, Osho-Verlag, Köln 1994
- Proust, M.: Auf der Suche nach der verlorenen Zeit, Knesebeck, München 2012

- Robinson, K.: Out of our minds: Learning to be creative. Chichester, GBR: Capstone
- Saul, J. R.: On equilibrium: Six qualities of the new humanism. Four walls eight windows, New York 2004
- Sloterdijk, P.: Du musst dein Leben ändern, Suhrkamp, Berlin 2009
- Tolle, E.: The Journey into Yourself (CD), Vancouver (CAN), Eckhart Teachings Incorporated 2003
- Tolle, E.: Living a Life of inner Peace (Video), Vancouver (CAN), Eckhart Teachings Incorporated 2003
- Tolle, E.: What is Meditation? (DVD), Vancouver (CAN), Eckhart Teachings Incorporated 2004
- Ven, E. van de: Het Kompas: Levenslust en levenskunst in de praktijk gebracht, Ankh Hermes, Deventer 2011
- Verweij, D., Jespers, F.: Passie en persoonlijkheid: de thematiek van het verlangen belicht vanuit de filosofie en de psychopathologie, Van Gorcum, Assen 2007

Titel von Eckhart Tolle in deutscher Sprache:

- Tolle, E.: Jetzt! Die Kraft der Gegenwart, J.Kamphausen, Bielefeld © 2000 Übersetzung: Marianne Nentwig und Christine Bolam
- Tolle, E.: Lebendige Beziehungen JETZT!, J.Kamphausen, Bielefeld © 2005
- Tolle, E.: Tolles Tierleben, J.Kamphausen, Bielefeld © 2009
- Tolle, E., Friedman, R.: Miltons Geheimnis. Eine abenteuerliche Entdeckungsreise durch Damals und Demnächst in das Wunder dieses Moments, J.Kamphausen, Bielefeld © 2009
- Tolle, E.: Eine neue Erde. Bewusstseinssprung anstelle von Selbstzerstörung, © 2005 Arkana Verlag, München, i.d. Verlagsgruppe Random House GmbH, Übersetzung: Erika Ifang
- Tolle, E.: Die Einheit allen Lebens. Inspirierende Texte aus „Eine neue Erde", © 2010 Arkana Verlag, München, i.d. Verlagsgruppe Random House GmbH, Übersetzung: Erika Ifang
- Tolle, E.: Leben im Jetzt. Lehren, Übungen und Meditationen aus „The Power of Now", © 2002 Arkana Verlag, München, i.d. Verlagsgruppe Random House GmbH, Übersetzung: Erika Ifang
- Tolle, E.: Stille spricht. Wahres Sein berühren, © 2003 Arkana Verlag, München, i.d. Verlagsgruppe Random House GmbH, Übersetzung: Erika Ifang
- Tolle, E.: Findhorn-Seminar. Stille inmitten der Welt, Arkana Verlag, München, 2007 (Buch und DVD)

ÜBER DEN AUTOR

Evert van de Ven (geboren 1969 in Nistelrode, Niederlande) arbeitet international als Bewusstseinstrainer, Redner, Autor und Berater bei Atelier de Clou. Nach seiner Ausbildung als Physiotherapeut 1983 bereiste er sechs Jahre lang unterschiedliche Erdteile. Während eines Besuchs in Zimbabwe stellte er fest, dass ihn im Grunde nur eine einzige Frage interessierte: Warum sind die Menschen so, wie sie sind, und warum verhalten sie sich, wie sie sich verhalten? Van de Ven begann mit dem Studium der Anthroposophie, der Gestalttherapie, der Bioenergetik und des Buddhismus und beschäftigte sich mit Werken von Krishnamurti. Daraus entwickelte er schließlich seine eigene Trainingsmethode.

Seit 2001 arbeitet er intensiv mit den Lehren Eckhart Tolles und versucht, dessen wunderschöne und tiefempfundene Botschaft ins alltägliche Leben zu integrieren. Van de Vens Arbeit und seine Art zu lehren enthalten Leichtigkeit, Einfachheit und eine gute Prise Humor. Er lädt jeden dazu ein, den offenen, undefinierten Raum wieder (neu) zu entdecken, um das Leben in Freude und Frieden leben zu können:

„Es geht doch viel mehr um das menschliche Sein („human being") und weniger um das menschliche Tun („human doing"). Das Leben ist eine abenteuerliche und mutige Reise, auf der wir uns durch Versuch und Irrtum erfahren und kennen lernen dürfen. [...] So finden wir zu unserem Lebenssinn: Dem Erblühen des Bewusstseins. Wir spüren den tiefen inneren Frieden, wenn wir einfach mit dem, was Jetzt ist, sind.“

http://www.declou.com

Eckhart Tolle bei Arkana

320 Seiten. ISBN 978-3-442-33706-4
auch als E-Book erhältlich

Unsere bisherige Sicht der Welt funktioniert nicht mehr. Wenn wir sie nicht ändern, bewegen wir uns auf zunehmend gefährlichem Terrain mit dem Potenzial zur Selbstzerstörung. Für Tolle existiert jedoch eine Alternative zu diesem düsteren Zukunftsszenario: ein innerer Quantensprung, verbunden mit einem fundamentalen Wandel von unserem alten zu einem gänzlich neuen Bewusstsein.

128 Seiten. ISBN 978-3-442-33705-7
auch als E-Book erhältlich

Was Eckhart Tolle sagt, ist kristallklar und so eingängig, dass man es wie selbstverständlich empfindet. Seine Worte entstammen einem Bereich jenseits konstruierender Philosophie; sein direkter Zugang zum wahren Sein begründet die Qualität seiner Texte und die von diesem bedeutenden Weisheitslehrer ausgehende Faszination.

arkana

Über den Verlag

Diamond Approach
Lebendige Beziehung Glücksprinzip
Spirituelle Romane Stille und Meditation Zen
Persönlichkeitsentwicklung inspire!
Integral
Kommunikation
Naikan
TM
j kamphausen
Alter & Übergang
Einheitserfahrung
Psychologie
Advaita neues Denken & Handeln
Transzendenz & Bewusstsein

Mit Liebe fürs Detail und für die Umwelt

Bei der Auswahl der Inhalte, die wir präsentieren, achten wir auf Originalität, Kompetenz, Praxisrelevanz und Qualität. So können wir mit Herz und Seele hinter unseren Büchern, Hörbüchern, Filmen und den anderen Produkten stehen, die wir mit viel Liebe und Aufmerksamkeit bis ins letzte Detail fertigen.

Wir leisten einen aktiven Beitrag zum Umweltschutz und verbrauchen nur wirklich notwendige Ressourcen – so sparsam wie möglich. Wir drucken überwiegend auf 100% Recyclingpapier oder produzieren unsere Titel klimaneutral. 99% unserer Fertigung findet in Deutschland statt, so haben wir kurze Transportwege und unterstützen die lokale Wirtschaft.

Inspirationen, interessante und wertvolle Neuigkeiten, Wahres, Schönes & Gutes sowie wichtige Termine können Sie regelmäßig in unserem Newsletter erfahren oder hier: **www.facebook.com/weltinnenraum**

weltinnenraum.de

J.Kamphausen | Mediengruppe